HARVARD

BUSINESS

REVIEW

Les stratégies de l'incertain

Éditions d'Organisation
1, rue Thénard
75005 Paris
Consultez notre site :
www.editions-organisation.com

Traduction de : *Harvard Business Review on Managing Uncertainty*

ISBN : 2-7081-2423-4

HARVARD

BUSINESS

REVIEW

Les stratégies de l'incertain

Préface de Bernard Esambert

Traduit de l'américain par
FLORENCE PABAN et NATHALIE MEYER

Éditions d'Organisation

L'Expansion
Management Review

Sommaire

Préface

Un monde doublement mouvant

Le véritable champ de bataille de cette fin de siècle est désormais celui de l'économie, de la technologie, de la créativité : les patrons et les cadres d'entreprise sont aujourd'hui les véritables officiers et diplomates d'hier.

L'acteur fondamental de la vie du pays, ce n'est pas le secteur économique, ce n'est pas la branche, ce n'est pas un agrégat statistique, c'est l'entreprise constitutive d'équipes solidaires et d'un véritable équilibre social. Laquelle, soumise à la concurrence qui vient désormais des antipodes doit s'adapter sans cesse sans pouvoir se réfugier dans les conservatismes, les illusions et les abstractions. Au milieu des vagues, elle doit maintenir ou changer le cap, s'adapter aux nouvelles conditions, innover, créer, vendre sur un marché devenu déjà mondial depuis le début des années 60, quand le commerce international s'est mis à croître plus rapidement que la richesse mondiale. Bref, la ligne bleue des Vosges a été remplacée par un horizon indéfini et par là inquiétant.

Parce qu'elle est mortelle, l'entreprise disparaît parfois dans l'indifférence quand elle n'a pas la puissance qui attire les caméras de télévision. Souvent elle taille dans sa chair pour mieux survivre, car dès qu'il y a danger de mort, les collectivités humaines admettent les sacrifices inacceptables dans une situation normale. Partout les sociétés éclosent comme des champignons, dans les garages, les banlieues des grands systèmes d'éducation (nourries du lait de Stanford et de Berkeley par exemple) ou ailleurs. Et celles qui ont tenté d'arrêter le temps, parfois en demandant à l'État de leur permettre une survie artificielle ont fini par disparaître. Comme dans la famille, l'université, la cité, la région, la nation, l'entreprise est un ensemble où l'individu doit avoir des droits et des devoirs, donc des responsabilités.

Dans le domaine des entreprises, le succès est rarement du côté du savoir clinquant ou des battages médiatiques mais les grandes réussites se développent au travers d'un effort continu, permanent, persévérant. Et ce n'est pas la spectaculaire percée de quelques-uns (unes) qui fait la richesse d'une nation, mais l'addition des capacités techniques et scientifiques des hommes, des ingénieurs, des techniciens, des employés, des ouvriers, canalisées dans de nombreuses entreprises mettant en œuvre des stratégies darwiniennes, l'environnement sélectionnant à terme les plus adaptées.

Pour une grande corporation, d'innombrables entreprises doivent naître, se développer et créer avec leurs grandes sœurs un tissu industriel dense, mobile, dynamique, se comportant sur le marché planétaire comme un poisson dans l'eau. L'État doit favoriser la liberté d'entreprise tandis que le chef d'entreprise ne doit plus considérer l'État comme son ennemi, l'un et l'autre pensant à l'échelle internationale. L'État doit également savoir que la société industrielle et le monde des entreprises ne se modifient pas par décret, ce qui ne l'exonère pas de ses responsabilités. Car le sort de l'équipage n'est pas indépendant du cap du bateau.

À l'État de mettre en œuvre un système éducatif capable de former des hommes de qualité, une solidarité sociale adaptée à la nouvelle donne de notre société, un environnement mobilisateur pour les entreprises.

Renouer avec l'esprit de conquête

S'il y a rupture dans la vie des entreprises, elle est dans la philosophie du comportement qui est maintenant autant qualitatif que quantitatif, ainsi que dans l'ambition. Il faut désormais viser loin et renouer avec l'esprit de conquête.

D'autant que la fabrication intervient pour une part de plus en plus faible dans la valeur des produits et des services au profit de la recherche et du développement, de la commercialisation, de la distribution et du transport. Au centre d'un système réseau, nébuleuse de concepteurs, de chercheurs, d'innovateurs, de vendeurs, de distributeurs, l'entreprise constitue aussi un système éducatif qui doit transmettre les savoirs et les savoir-faire.

Elle doit consacrer la primauté de l'homme dans des cellules aux effectifs plus restreints, en faisant cohabiter des états-majors dynamiques plus qualifiés et des exécutants mieux informés et responsables. Elle doit aussi devenir un « écosystème » en développant des liens interactifs avec l'environnement.

Elle doit enfin, en objectif essentiel et incontournable pour sa survie, maximiser son profit. Si, en France, l'accumulation de l'argent est encore un péché, l'entreprise doit pourtant frayer avec le diable. Les résultats d'aujourd'hui distribués ou mis en réserve font les investissements (par appel aux actionnaires satisfaits de la rentabilité de leurs capitaux dans le premier cas, en autofinancement dans le second) et le développement de demain.

Enfin, certains pensent que les entreprises qui réussissent sont celles qui ont un projet, c'est-à-dire une vision de leur avenir, au service de laquelle s'adapteront la stratégie et la tactique. D'autres iront jusqu'à imaginer que l'entreprise doit s'affirmer comme un contre-pouvoir, donc comme l'un des acteurs prépondérants de la démocratie et une force de propositions sur la modernisation de l'État…

C'est en accroissant sa compétitivité, résultante de nombreux facteurs, que l'entreprise peut apporter son obole à la nation. L'objectif principal du pouvoir politique est donc de créer le meilleur environnement possible pour que la productivité – et donc le potentiel de développement – soit la plus élevée possible. Car c'est en facilitant le développement d'un pays que l'on crée la condition première et nécessaire du progrès matériel et de l'épanouissement des citoyens, notamment de la jeunesse de la nation. Mais la pauvreté et la richesse ne dépendent pas seulement de la conjoncture économique ; elles correspondent également à des choix de société. Il s'agit au total d'un vaste et difficile programme qui, par une alchimie moins mal connue aujourd'hui que par le passé, doit encourager le monde des entreprises à combattre avec efficacité.

Skipper ou judoka

Notre pays s'engage dans une évolution profonde d'une ampleur sans commune mesure avec ce qu'il a connu depuis la guerre. La construction européenne, marquée par l'étape décisive de l'euro, les déréglementations, la nouvelle donne internationale faite de compétition et de l'émergence de l'information et de la communication instantanées sont autant de défis. Il serait catastrophique de ne pas prendre totalement conscience des enjeux, de ne pas savoir ce que nous voulons et ce dont nous ne voulons pas et de ne pas nous préparer aux changements inéluctables que nous allons connaître ou subir.

Quant au chef d'entreprise, pour s'adapter à un environnement de plus en plus complexe et imprévisible, il aura à adopter un comportement de skipper de voilier ou de judoka qui accompagne le mouvement de son adversaire…ce qui ne veut pas dire qu'il devra louvoyer en fonction de la conjoncture. Il lui faudra au contraire mettre en œuvre avec persévérance et ténacité une stratégie et tenir compte de l'importance du quotidien. Comme le disait Churchill : « Le génie est une attention permanente aux petites choses ». Les grandes ambitions se rejoignent sur le quotidien. Il devra incarner la lutte de l'entreprise dans la guerre économique pour conquérir des positions, devancer ses concurrents par le guet technologique. Sa réussite sera due à chaque instant à la minutie avec laquelle chaque détail de la vie de l'entreprise sera scruté.

Tom Peters écrivait dans un récent ouvrage : « Sont excellentes les firmes qui ne croient pas à l'excellence mais seulement à l'amélioration constante et au changement constant. »

Une logique de la responsabilité doit se substituer progressivement à la logique de l'obéissance. L'entreprise doit devenir une communauté d'hommes responsables et solidaires. Capables de développer « l'intelligence industrielle », de maîtriser la « complexité » pour reprendre un concept à la mode, c'est-à-dire de viser la performance globale.

Ainsi pourra-t-elle aussi trouver, dans son personnel, les mutants susceptibles de faire émerger de nouvelles solutions, pour permettre la survie de la cellule industrielle.

Depuis peu, pour ajouter aux tourments des chefs d'entreprise, la déferlante des télécommunications, du trop-plein d'information et d'internet affecte en profondeur la vie des entreprises. On se dirige vers des ventes sans vendeurs au profit de négociateurs invisibles. Les forces de vente traditionnelles vont disparaître tandis que les transactions électroniques, dans l'architecture de communication centrée sur la toile, vont améliorer les partages, la transparence, la célérité et la traçabilité des informations. Internet va permettre d'améliorer, d'une extrémité à l'autre de la chaîne, les processus de gestion, quelle que soit la dispersion géographique des acteurs. Les gains sur approvisionnement sont déjà flagrants (20 à 25 %) de même que les gains sur investissement. Le e.purchasing, le e. procurement, le e.finance, le e.treasury and payment et le e.markets vont se généraliser et se banaliser. Bref, une incroyable frénésie d'innovation va agiter et agite déjà le marketing, la vente, la distribution, la sécurisation des échanges… L'entreprise qui n'empruntera pas « l'internet @venue » se marginalisera et perdra ses avantages compétitifs.

C'est dans ce contexte doublement mouvant (globalisation et technologies de l'information) que se pose le problème de la gestion de l'incertitude, objet du présent ouvrage. Au carrefour des grandes universités américaines et du monde de la gestion, des équipes de professeurs, de consultants, d'auditeurs, d'hommes d'entreprise y détaillent leurs idées sur la façon dont les entreprises peuvent faire face aux défis, liés à la globalisation d'une part et à l'arrivée des nouvelles techniques de l'information d'autre part.

Les consultants de MacKinsey pensent qu'une révision de la pensée stratégique doit accompagner la gestion de l'incertain. Ils définissent quatre niveaux d'incertain et plusieurs catégories de stratégies : faire le marché, s'y adapter, ou se réserver le droit d'y jouer plus tard. Des professeurs plaident pour la définition d'une architecture du futur en classant les restructurations, le re-engeenering, le recentrage, le right-sizing (recherche de la taille optimale) dans la consolidation des activités d'hier. Dans le cadre d'un changement inévitable, les dirigeants doivent créer le futur comme fruit de leur propre réflexion plutôt que de l'accepter dans une atmosphère de crise. Bref, faustiens ils doivent devenir. Un conseiller de grandes entreprises prône l'accélération du processus d'apprentissage plutôt que l'élaboration de plans, afin de modifier rapidement et en profondeur les habitudes. Deux professeurs d'économie suggèrent l'utilisation de la théorie des jeux pour modeler la stratégie de l'entreprise. Il sera désormais nécessaire de se mettre à la place des autres en essayant de simuler leurs réactions. Deux spécialistes de l'organisation des entreprises définissent la planification par la découverte des hypothèses implicites et potentiellement dangereuses. Deux chercheurs sur la prise de décision redécouvrent l'intérêt de regarder dans le rétroviseur. À condition de résister à la tentation de conclure à une cause à partir d'un seul indice. Et de chercher des causes inattendues pour expliquer certains événements. C'est sur l'incapacité de certaines grandes corporations à rester en tête de leur secteur que réfléchissent deux enseignants-chercheurs en comportement des entreprises. Ils suggèrent de s'intéresser aux marchés étroits et émergents en créant des organisations totalement indépendantes de l'activité dominante (contre-exemple : IBM qui n'a su prévoir ni les micro-ordinateurs, ni l'informatique distribuée). Enfin, un consultant dans un grand cabinet d'audit et un professeur de stratégie et d'organisation plaident en faveur de la gestion par anticipation et des sociétés pro-actives qui savent rythmer le changement et organiser les transitions (Netscape lançant un nouveau produit tous les six mois et Intel se dotant d'une nouvelle unité de fabrication tous les neuf mois).

« Plus que la masse, ce sont la vitesse et la capacité à se concentrer puis à se redéployer qui font l'art de la guerre ». Ce principe militaire de Clausewitz imprègne donc désormais la stratégie des entreprises dont les responsables doivent devenir des visionnaires. Investis d'une mission, soumis à l'épreuve des faits et au stress, à la rapidité des nouvelles idées reçues, les chefs d'entreprise des années à venir n'habilleront plus de nécessité tactique leur manque de courage et n'utiliseront plus des recettes de cuisine du management-spectacle. C'est pour l'entreprise qu'ils devront fonder une grande ambition et non pour leur propre carrière. Les conseils distillés dans cet ouvrage leur seront précieux. « Soyez aimés, si vous pouvez, soyez haïs, sinon et ne soyez jamais méprisés ». Ainsi disait Machiavel.

Paris, mai 2000

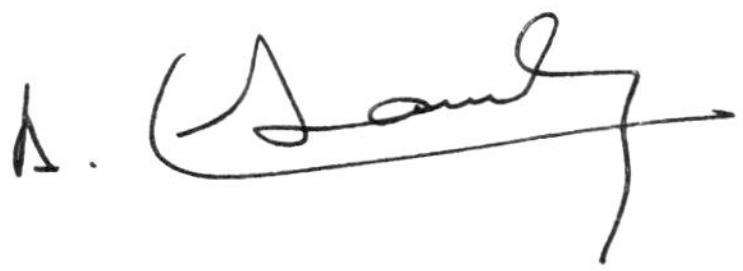

Bernard Esambert
Président du CFCE et de la Banque Arjil
Vice-président des groupes Lagardère et Bolloré

Quelle stratégie dans un environnement incertain ?

Hugh Courtney, Jane Kirkland
et Patrick Viguerie

Résumé des points essentiels

L'approche stratégique traditionnelle se fonde sur l'hypothèse centrale selon laquelle, en appliquant un ensemble d'outils analytiques puissants, les dirigeants d'entreprise peuvent prédire le futur de n'importe quel secteur d'activité avec une précision telle qu'ils seront à même de choisir une direction stratégique claire. Mais qu'advient-il lorsque l'environnement est si incertain qu'aucune analyse ne permet de prédire le futur ? Comment caractériser une bonne stratégie dans les environnements économiques les plus incertains ?

Les auteurs, consultants chez McKinsey, estiment que la gestion de l'incertain passe obligatoirement par une révision de la pensée stratégique. Selon eux, les responsables d'entreprise adoptent en général une approche par trop manichéenne : soit ils sous-estiment l'incertain lorsqu'ils font les prévisions requises par les processus de planification et d'allocation des ressources de leur entreprise, soit ils le surestiment et abandonnent toute analyse pour s'en remettre à leur pur instinct.

Les auteurs proposent une nouvelle approche qui part de la distinction essentielle entre quatre niveaux discrets d'incertain auxquels toute entreprise peut se trouver confrontée. Pour chacun des quatre niveaux, ils expliquent ensuite comment il est possible d'utiliser un ensemble de stratégies génériques : faire le marché, s'y adapter ou se réserver le droit d'y jouer plus tard. Enfin, ils illustrent comment ces stratégies pourront être mises en œuvre grâce à la combinaison de trois types d'actions de base : les paris « tout ou rien », les options et les mouvements « sans regret ».

Cette approche aidera les dirigeants à déterminer quels sont les outils analytiques qui étaieront le mieux la prise de décision dans un environnement incertain – et quels sont ceux qui ne le pourront pas. D'une manière plus générale, elle fournit aux responsables d'entreprise un cadre de réflexion rigoureux et systématique sur l'incertain et ses implications stratégiques.

Comment caractériser une bonne stratégie dans les environnements économiques les plus incertains ? Certains responsables d'entreprise cherchent à fixer le futur en faisant des paris porteurs de lourds enjeux. Par exemple, le groupe Eastman Kodak dépense chaque année 500 millions de dollars pour développer toute une gamme de produits photographiques digitaux dont il espère qu'ils changeront radicalement la façon dont les gens créent, stockent et visualisent les images. Au même moment, Hewlett-Packard investit annuellement 50 millions de dollars dans un projet complètement opposé, centré sur l'idée d'imprimantes photographiques installées chez le consommateur. La presse économique adore valoriser tant et plus toutes ces stratégies qui tendent à modeler l'environnement de demain en raison de leur potentiel à créer une richesse considérable. Mais si l'on s'en tient à la stricte réalité, il s'avère que la plupart des entreprises ne possèdent ni la position de marché, ni les actifs, ni l'appétit pour le risque que ces stratégies exigent pour porter leurs fruits.

Lorsque le futur est incertain, les approches traditionnelles du planning stratégique peuvent être excessivement dangereuses.

L'attitude la plus courante est celle des responsables d'entreprise réfractaires au risque qui couvrent leurs paris en procédant à une série d'investissements plus petits. Dans la poursuite des opportunités de croissance offertes par les marchés émergents par exemple, beaucoup d'entreprises de biens de consommation s'engagent dans des alliances opérationnelles ou des alliances de distribution limitées. Mais il est souvent difficile de savoir si ces investissements limités ouvrent effectivement le droit d'opérer dans ces pays ou s'ils donnent simplement le droit de perdre.

D'autres dirigeants préfèrent flexibiliser leur entreprise pour lui permettre de s'adapter rapidement en fonction de l'évolution des marchés. Mais les coûts d'une telle flexibilité sont souvent élevés. De plus, les stratégies attentistes, qui consistent à reporter les gros investissements jusqu'au moment où le futur se présentera plus clairement, risquent de laisser la voie libre aux concurrents.

Comment les dirigeants confrontés à un fort niveau d'incertitude doivent-ils décider s'il vaut mieux faire un grand pari sur l'avenir, couvrir ses risques ou adopter une position attentiste ? Selon toute vraisemblance, les processus de planification stratégique traditionnels n'apporteront guère de réponse. La pratique habituelle consiste à établir une vision des événements futurs suffisamment précise pour qu'elle puisse être prise en compte dans un calcul de la valeur actuelle des flux futurs. Les directeurs peuvent certes envisager des scénarios alternatifs et tester la sensibilité de leurs prévisions à des changements dans les variables clefs. Mais le but de ce genre d'analyse revient souvent à déterminer le résultat le plus probable et à créer une stratégie en rapport. Dans des environnements économiques relativement stables, cette approche rend d'excellents services aux entreprises. Mais lorsque le futur est plus incertain, elle est au mieux marginalement utile et au pire excessivement dangereuse.

L'un des dangers vient de ce que cette approche traditionnelle pousse les responsables d'entreprise à considérer l'incertain d'une façon par trop binaire – c'est-à-dire à faire l'hypothèse que le monde est soit certain, et donc susceptible de prédictions précises quant au futur, soit incertain, et donc complètement imprévisible. Les processus de planification ou d'allocation du capital qui se nourrissent de prévisions détaillées forcent les dirigeants à masquer les incertitudes sous-jacentes dans leurs cash-flows. À l'évidence, les systèmes de ce genre les incitent à sous-estimer l'incertitude afin de renforcer l'intérêt de leur stratégie.

La sous-estimation de l'incertain risque de donner naissance à des stratégies qui se révéleront tout aussi impuissantes à protéger l'entreprise contre les dangers qui la menacent qu'à la faire profiter des opportunités éventuellement générées par des niveaux d'incertitude supérieurs. Dans l'une des sous-estimations les plus colossales de toute l'histoire économique, Kenneth H. Olsen, alors Président de Digital Equipment Corporation, annonça en 1977 : « il n'y a aucune raison pour que chaque individu dispose d'un ordinateur à domicile ». En 1977, l'explosion du marché des micro-ordinateurs personnels n'était pas inévitable, mais elle faisait certainement partie des possibilités que les experts du secteur étudiaient à l'époque.

À l'autre extrême, l'hypothèse selon laquelle le monde est entièrement imprévisible risque de pousser les dirigeants à abandonner complètement la rigueur analytique de leurs processus de planification traditionnels et à fonder leurs décisions stratégiques sur leur seule intuition. Cette approche stratégique centrée sur l'action peut les engager à faire des paris mal informés sur des pays ou des produits émergents qui se traduiront par des pertes mémorables. On pense immédiatement à ceux qui, dans un bel élan de volontarisme, se lancèrent dans les services bancaires à domicile au début des années 80.

Les dirigeants que le risque rebute et qui pensent évoluer dans un environnement très incertain ne font pas confiance à leur instinct et souffrent d'une paralysie de la décision. Ils font en sorte de ne pas avoir à prendre de décisions stratégiques d'importance à propos des produits, des marchés et des technologies qu'ils devraient développer. À la place, ils s'intéressent au *reengineering*, au programme de « qualité totale » ou aux programmes internes de réduction des coûts. Toutes activités de grande valeur, mais qui ne sauraient tenir lieu de stratégie.

Si l'on souhaite parvenir à des décisions stratégiques systématiquement valables dans un environnement incertain, il convient d'adopter une approche différente – une approche qui évite les écueils de cette vision binaire de l'incertain. Il est rare que les dirigeants n'aient connaissance d'aucune donnée d'importance stratégique, même dans les environnements les plus incertains. En fait, ils peuvent généralement identifier une gamme de résultats potentiels ou même un ensemble discret de scénarios. Cette simple visibilité de l'environnement est extrêmement puissante parce que la détermination de la meilleure stratégie, ainsi que la détermination du processus qu'il faudra utiliser pour la mettre en œuvre dépendent vitalement du niveau d'incertain dans lequel l'entreprise se meut.

Aussi poursuivons-nous cet article par la présentation d'un cadre d'analyse destiné à déterminer le niveau d'incertain qui entoure les décisions stratégiques, et à adapter la stratégie à cette incertitude. Aucune approche ne supprimera le défi de l'incertain, mais celle-ci propose une assistance pratique qui se traduira par des décisions stratégiques mieux informées et prises avec plus de confiance.

Quatre niveaux d'incertain

Aussi incertains soient-ils, tous les environnements économiques disposent de beaucoup d'informations pertinentes du point de vue stratégique. Tout d'abord, il est souvent possible d'identifier quelques tendances claires – les évolutions démographiques des marchés, par exemple – qui peuvent contribuer à définir la demande potentielle pour des produits et services futurs. En second lieu, il existe généralement une multitude de facteurs qui sont actuellement *inconnus* mais qui sont en fait *connaissables* – c'est-à-dire qu'ils seraient connus pour peu que l'on procédât aux analyses adéquates. Les performances des technologies actuelles, l'élasticité de la demande de certaines catégories de produits assez stables et les projets des concurrents en matière d'extension de leurs capacités de production sont des variables qui restent fréquemment inconnues, mais qui ne sont pas complètement « inconnaissables ».

L'incertain qui demeure une fois que les meilleures analyses possibles ont été faites est ce que nous appelons l'incertain résiduel – par exemple le résultat d'un débat réglementaire en cours, ou bien les caractéristiques de performance d'une technologie encore en phase de développement. Mais il s'avère souvent qu'il est possible d'en savoir beaucoup plus, y compris sur ces incertains résiduels (voir le schéma « Comment utiliser les quatre niveaux incertain ? », page 14). En pratique, nous avons constaté que l'incertain résiduel auquel la plupart des décideurs stratégiques sont confrontés appartient à l'un ou l'autre des quatre niveaux d'incertitude suivants :

Niveau 1 : Un futur suffisamment clair

Dans l'environnement de niveau 1, les dirigeants sont à même de développer une seule et unique prévision du futur, dont la précision sera suffisante pour développer une stratégie. Cette prévision sera forcément inexacte dans la mesure où tous les environnements économiques sont par nature incertains, mais elle sera suffisamment ciblée pour déterminer une seule direction stratégique. En d'autres termes, au niveau 1, l'incertain résiduel n'a pas sa place dans les décisions stratégiques.

Considérons le cas d'une grande compagnie de transport aérien qui essaye de mettre au point une réponse stratégique à l'entrée d'un concurrent de type « discounter » sur l'une de ses plates-formes aéroportuaires clefs. Doit-elle répondre par l'ouverture de son propre service à bas coûts ? Doit-elle céder la niche à bas coûts au nouvel entrant ? Ou doit-elle se lancer dans un combat agressif sur les prix et le service dans le but de le faire sortir du marché ?

Pour prendre cette décision stratégique, les responsables de la compagnie ont besoin d'une étude de marché sur l'importance des différents segments de clientèle et sur le comportement probable de chaque segment face à différentes combinaisons de prix et de service. Ils doivent également savoir combien il en coûte au nouveau concurrent de proposer chaque destination en question, et quelle est sa capacité pour cela. Finalement, les dirigeants ont besoin de savoir quels sont les objectifs concurrentiels du nouvel entrant afin de pouvoir anticiper comment il s'adapterait aux mouvements stratégiques que leur propre compagnie pourrait mettre en œuvre. Dans le secteur actuel du transport aérien aux États-Unis, une telle information est en principe déjà connue, et si elle ne l'est pas, il est possible de la connaître. Il pourrait être difficile de l'obtenir – il faudra peut-être se livrer à des études de marché complémentaires, par exemple – mais elle est intrinsèquement connaissable. Dès lors que l'on disposera de cette information, l'incertain résiduel sera limité, et la compagnie aérienne en question sera en mesure d'élaborer en toute confiance un plan d'action autour de sa stratégie.

Niveau 2 : Des futurs alternatifs

Dans l'environnement de niveau 2, on peut décrire le futur comme appartenant à un ensemble composé de quelques résultats alternatifs, ou scénarios distincts. L'analyse est impuissante à identifier lequel de ces résultats se produira effectivement, mais elle peut contribuer à établir des probabilités. Il est particulièrement important de noter que certains éléments de la stratégie, pour ne pas dire tous, changeraient si le résultat était prévisible.

De nombreuses activités aux prises avec des changements réglementaires ou législatifs sont confrontées au niveau 2 d'incertain. Examinons le cas des opérateurs téléphoniques longue distance à la fin de 1995, alors qu'ils commençaient à développer des stratégies pour pénétrer sur les marchés de la téléphonie locale. À la fin de l'année 1995, la législation qui devait déréglementer le secteur en profondeur était en attente de la décision du Congrès, et la forme générale que prendraient les nouvelles réglementations était parfaitement claire pour la plupart des observateurs du secteur. Quant à savoir si la législation allait passer et à quelle vitesse elle serait mise en œuvre dans l'éventualité où elle passerait effectivement, tout cela était du domaine de l'incertain. Aucune analyse ne pouvait permettre aux compagnies téléphoniques longue distance de prédire ces résultats, et le plan d'action correct – par exemple le calendrier d'investissement en infrastructures de réseau – dépendait du résultat à venir.

Autre situation fréquente dans les environnements de niveau 2, la pertinence d'une stratégie dépend principalement des stratégies des concurrents, lesquelles sont encore du domaine de l'inobservable ou de l'imprévisible. Dans les marchés oligopolistiques tels que le papier et la pâte à papier, les produits chimiques ou les matières premières de base par exemple, l'incertitude première concerne les plans des concurrents en matière d'extension des capacités. Vont-ils construire de nouvelles usines ou non ? Le principe des économies d'échelle incite à penser que toute nouvelle unité de production sera sans doute assez vaste et que, vraisemblablement, elle aura un impact significatif sur les prix et la rentabilité du secteur. En conséquence, toute décision de construire une nouvelle usine prise par l'une ou l'autre des entreprises du secteur est souvent déterminante dans les décisions des concurrents. Il s'agit là d'une situation de niveau 2 très courante : les résultats possibles sont clairs et bien définis. Il est difficile de prédire lequel se produira effectivement ; or la meilleure stratégie dépend justement de celui qui se produira bel et bien.

Niveau 3 : Toute une gamme de futurs

Dans l'environnement de niveau 3, il est possible d'identifier toute une gamme de futurs potentiels. Cette gamme est définie par un nombre limité de variables clefs, mais le résultat effectif peut se trouver n'importe où le long d'un chemin continu délimité par la gamme. Il n'existe pas de scénario naturel. Tout comme dans l'environnement de niveau 2, certains éléments de la stratégie (tous, éventuellement) changeraient si le résultat était prévisible.

Le niveau 3 d'incertain est celui que rencontrent fréquemment les entreprises qui évoluent dans des secteurs émergents ou qui cherchent à pénétrer de nouvelles aires géographiques. Considérons un groupe européen de biens de consommation qui étudie la possibilité de vendre ses produits en Inde. L'étude de marché la plus rigoureuse risque de n'identifier qu'une large fourchette de taux de pénétration potentiels – de 10 % à 30 %, par exemple – sans qu'aucun scénario évident à l'intérieur de cette fourchette ne se dégage. Ce genre de fourchette élargie est typique du lancement de produits et services complètement nouveaux sur un marché, et il est dès lors extrêmement difficile d'évaluer le niveau de la demande latente. Le groupe qui cherche à s'implanter en Inde suivrait vraisemblablement une stratégie d'entrée fort différente et nettement plus agressive s'il pouvait être sûr que ses taux de pénétration fussent plus proches de 30 % que de 10 %.

On observe des problèmes analogues chez les entreprises qui opèrent dans des secteurs animés par l'innovation technologique, tels que celui des semi-conducteurs par exemple. Lorsqu'ils doivent décider s'ils vont investir dans une nouvelle technologie, les industriels ne peuvent guère identifier mieux qu'une vaste gamme de coûts potentiels et de critères de performance, la rentabilité d'ensemble de l'investissement dépendant précisément de ces critères.

Niveau 4 : L'ambiguïté totale

Dans l'environnement de niveau 4, les multiples dimensions de l'incertain s'entrecroisent pour créer un environnement qu'il est impossible de prédire. Contrairement à ce qui se passe dans les situations de niveau 3, il n'y a pas moyen d'identifier la gamme des événements possibles, et encore moins d'identifier des scénarios particuliers à l'intérieur de cette gamme. Il sera peut-être même impossible d'identifier, et encore plus impossible de prédire, toutes les variables pertinentes qui définiront le futur.

Les situations de niveau 4 sont assez rares, et avec le temps, elles ont tendance à se déplacer vers l'une des trois autres situations d'incertain. Néanmoins, elles existent bel et bien. Examinons le cas d'une entreprise de télécommunication qui doit décider où et comment entrer sur le marché émergent du multimédia grand public. Elle est confrontée à de multiples incertitudes concernant la technologie, la demande et les relations entre les fournisseurs de matériel et les fournisseurs de logiciel, tous ces paramètres pouvant interagir de façon tellement imprévisible qu'il n'est pas possible d'identifier la moindre gamme plausible de scénarios potentiels.

Les entreprises qui envisageaient d'investir massivement dans la Russie post-communiste de 1992 étaient confrontées à une situation d'incertain de niveau 4. Elles étaient incapables de prédire quelles lois ou réglementations potentielles allaient gouverner les droits et les transactions de propriété. À cet incertain de premier rang, venaient s'ajouter quelques incertitudes complémentaires à propos de la viabilité des filières d'approvisionnement et à propos de la demande de biens et services de grande consommation indisponibles auparavant.

Ces exemples illustrent combien il peut être difficile de prendre des décisions stratégiques dans l'environnement de niveau 4, mais ils tendent à masquer leur nature passagère. Aujourd'hui, les décisions concernant l'entrée sur les marchés russes sont devenues des problèmes de niveau 3 pour la grande majorité des secteurs, du fait de la plus grande stabilité politique et réglementaire manifestée par ce pays. De la même façon, les incertitudes qui entourent les décisions stratégiques relatives au marché du multimédia grand public rejoindront l'environnement de niveau 3 ou même l'environnement de niveau 2 à mesure que le secteur commencera à prendre forme au cours des prochaines années.

Adapter l'analyse stratégique aux quatre niveaux d'incertain

Si l'on en croit notre expérience, au moins la moitié des problèmes de stratégie relèvent des niveaux 2 ou 3, tandis que la plupart des autres appartiennent au niveau 1. Mais les dirigeants qui pensent l'incertain selon un mode binaire tendent à traiter tous les problèmes de stratégie comme s'ils tombaient obligatoirement soit dans la catégorie 1 soit dans la catégorie 4. Et lorsque ces dirigeants fondent leurs stratégies sur des analyses rigoureuses, ils ne sont que trop susceptibles d'appliquer les mêmes outils analytiques à tous les problèmes, indépendamment du niveau d'incertain résiduel dans lequel ils vivent. Par exemple, ils essayeront peut-être d'utiliser les techniques classiques d'étude de marché pour prévoir la demande de transfert de données par réseaux de télécommunication sans fil d'ici dix ans.

Mais en fait, pour identifier et évaluer les options stratégiques à chaque niveau d'incertain, il conviendrait de procéder à des analyses complètement différentes.

Comment utiliser les quatre niveaux d'incertain ?

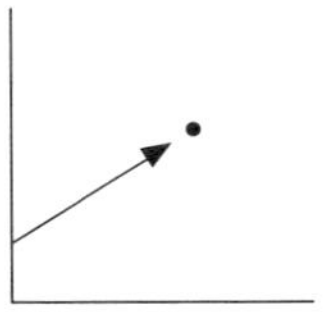

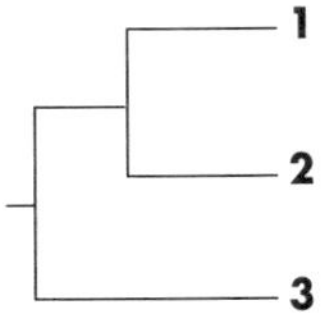

	Un futur suffisamment clair	**Des futurs alternatifs**
Que peut-on savoir ?	– Une prévision unique suffisamment précise pour déterminer la stratégie.	– Quelques résultats distincts qui définissent le futur.
Outils analytiques	– Les outils stratégiques « traditionnels ».	– Analyse de la décision. – Modèles d'évaluation des options. – Théorie des jeux.
Exemples	– Stratégie contre une compagnie aérienne à bas coûts qui entre sur le marché.	– Opérateur téléphonique longue distance qui veut entre sur le marché déréglementé de la téléphonie locale.

L'élaboration de toutes les stratégies commence, sous une forme ou sous une autre, par une analyse de situation – c'est-à-dire une photographie de ce à quoi le monde ressemble aujourd'hui et de ce qui pourrait arriver dans le futur. L'identification des niveaux d'incertain contribue donc à définir ce qu'une telle analyse pourra faire de mieux pour décrire tous les futurs possibles d'un secteur.

Pour générer les prévisions aussi précieuses que précises du niveau 1, les dirigeants peuvent utiliser les outils classiques de l'analyse stratégique – études de marché, analyses des coûts et des capacités des concurrents, analyse de la chaîne de valeur, les cinq forces de Michael Porter, etc. Il est alors possible d'utiliser un

---

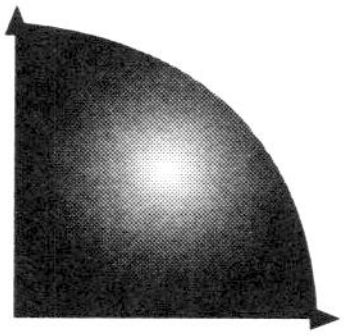

Toute une gamme de futurs

– Une gamme de résultats possibles, mais pas de scénario évident.

– Étude de la demande latente.
– Prévision des technologies futures.
– Planification multi-scénarios.

– Entrer dans des marchés émergents tels que l'Inde.
– Développer ou acquérir des technologies émergentes dans les biens électroniques grand public.

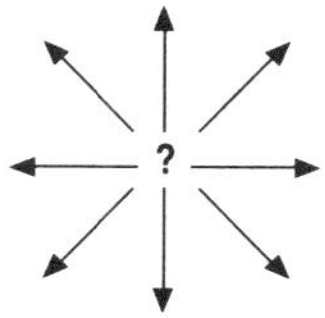

L'ambiguïté

– Absence de base pour prévoir le futur.

– Analogies et reconnaissance de motifs.
– Modèles dynamiques non linéaires.

– Entrer dans le marché des applications multimédia grand public.
– Entrer dans le marché russe en 1992.

modèle fondé sur la valeur actuelle des flux futurs qui intègre toutes ces prévisions pour déterminer la valeur de plusieurs stratégies alternatives. Il n'est guère étonnant de constater que la plupart des dirigeants se sentent parfaitement à l'aise dans les situations de niveau 1 – ces outils et ces cadres d'analyse sont en effet ceux que l'on enseigne dans tous les bons programmes de formation à la gestion d'entreprise des États-Unis.

Les situations de niveau 2 sont légèrement plus complexes. Premièrement, les dirigeants doivent élaborer un ensemble de scénarios fondés sur leur sentiment concernant la façon dont les incertains résiduels pourraient influencer l'avenir. Par exemple : y aura-t-il déréglementation ou non ? Tel concurrent construira-t-il une nouvelle usine ou non ? Chaque scénario fera peut-être appel à un modèle d'évaluation différent – bien souvent, la structure générale du secteur ainsi que son comportement seront fondamentalement différents selon le scénario qui aura effectivement lieu. En conséquence, les différentes évaluations ne peuvent pas être traitées par des analyses de sensibilité réalisées à partir d'un seul modèle central. L'obtention de l'information qui permettra d'établir les probabilités relatives des différents résultats possibles devrait être un objectif prioritaire.

Une fois que l'on a fixé un modèle d'évaluation approprié à chaque résultat possible et que l'on a déterminé la probabilité de chacun d'eux, il est possible d'utiliser un modèle classique d'analyse de la décision pour évaluer les risques et les rendements propres à chaque option stratégique. Ce processus permettra d'identifier les gagnants et les perdants probables parmi les différents scénarios alternatifs, et, peut-être plus important, il contribuera à quantifier ce que risquent les entreprises qui adoptent la stratégie du *statu quo*. Ce type d'analyse s'avère essentiel dans les contextes de changement stratégique.

Dans les situations de niveau 2, il importe non seulement d'identifier les différents résultats possibles, mais également d'analyser en profondeur les trajectoires que le secteur pourrait emprunter pour atteindre ces futurs alternatifs. Le changement se manifestera-t-il par grandes étapes à des moments précis – cas des réglementations nouvelles ou de la décision d'un concurrent d'entrer sur un marché ? Ou bien suivra-t-il un mode plus évolutif, comme cela se produit souvent après la résolution de contrer une norme technologique ? Il s'agit là d'une information vitale, parce qu'elle détermine quels sont les signaux du marché ou les paramètres déclencheurs qui doivent être suivis de près. À mesure que le futur se dévoile, les probabilités relatives des différents scénarios évoluent, et il est vraisemblable que la stratégie choisie par telle ou telle entreprise devra être adaptée à ces changements.

D'une certaine manière, l'analyse appropriée au niveau 3 d'incertain est très proche de celle du niveau 2. Il est nécessaire d'identifier un ensemble de scénarios qui décrivent des résultats futurs distincts, et l'analyse devrait se concentrer sur les événements déclencheurs qui signalent que le marché se déplace vers l'un ou l'autre de ces scénarios. Cependant, l'élaboration d'un ensemble significatif de scénarios est nettement moins évidente que pour le niveau 2. En général, on ne rencontre pas trop de difficultés pour développer les scénarios qui décrivent les points extrêmes de la gamme des résultats possibles, mais ces scénarios débouchent rarement sur une orientation concrète permettant de prendre des décisions stratégiques. Dans la mesure où le niveau 3 d'incertain se caractérise par l'inexistence d'autres scénarios naturels discrets, la décision concernant le choix des futurs possibles qu'il faudrait développer en futurs alternatifs relève du grand art. Il existe néanmoins quelques règles générales. Tout d'abord, n'essayez pas de développer plus qu'un nombre limité de scénarios différents – jongler avec plus de quatre ou cinq scénarios est une opération complexe qui tend à inhiber la prise de décision. En second lieu, évitez de développer des scénarios redondants qui n'ont pas d'implication unique pour la prise de décision stratégique ; assurez-vous que chaque scénario propose une image différente de la structure, du comportement et des performances du secteur. Troisièmement, développez un ensemble de scénarios qui représentent collectivement la gamme probable des résultats futurs, et pas nécessairement l'intégralité de la gamme possible.

Étant donné qu'au niveau 3 il est impossible de définir une liste complète de scénarios et de probabilités associées, il est impossible de calculer la valeur espérée de différentes stratégies. Toutefois, la détermination de la gamme des scénarios devrait permettre aux dirigeants de tester la solidité de leur stratégie, d'identifier les gagnants et les perdants probables et d'évaluer peu ou prou le risque qu'il y aurait à suivre une stratégie de *statu quo*.

Au niveau 4, il serait dangereux de céder à l'envie d'abandonner toute analyse, et d'agir par pur instinct.

Au niveau 4, l'analyse de la situation est encore plus qualitative. Cependant, il serait dangereux de céder à l'envie d'abandonner toute analyse et d'agir par pur instinct. Les dirigeants doivent au contraire établir la liste systématique de ce qu'ils savent et de ce qu'il est possible de savoir. Même si dans les situations de niveau 4 il est impossible de développer un ensemble significatif de résultats probables, ou même possibles, les dirigeants peuvent y gagner une perspective stratégique de grande valeur. En général, ils sont capables d'identifier au moins un sous-ensemble des paramètres qui détermineront comment le marché évoluera avec le temps – des taux de pénétration sur un marché de grande consommation, ou bien des caractéristiques de performance d'une technologie, par exemple. De plus, ils peuvent identifier des indicateurs favorables et défavorables de ces paramètres, ce qui leur permettra de suivre les évolutions du marché au cours du temps et d'adapter leur stratégie à mesure qu'ils disposent d'une information nouvelle.

En étudiant comment des marchés analogues aux leurs ont évolué dans d'autres situations de niveau 4, en déterminant les caractéristiques clefs des gagnants et des perdants dans ces situations et en identifiant les stratégies employées, les dirigeants ont également la possibilité d'identifier des motifs qui seront l'indice des différentes évolutions possibles que le marché pourrait connaître. Finalement, même s'il s'avère impossible de quantifier les risques et les rendements de différentes stratégies, les dirigeants devraient être en mesure d'identifier quelle information ils vont retenir à propos du futur pour justifier les investissements qu'ils envisagent. Des indicateurs et des analogies obtenus suffisamment tôt par l'observation de marchés similaires permettra de décider si cette information privilégiée est réaliste ou non.

La bonne vieille approche « taille unique » est purement et simplement inadéquate pour évaluer les différentes options stratégiques.

Dans un environnement incertain, l'analyse de situation doit être absolument flexible. La bonne vieille approche « taille unique » est purement et simplement inadéquate. Le temps passant, les entreprises de la plupart des secteurs seront confrontées à des problèmes stratégiques dont les niveaux d'incertain résiduel varieront. Aussi est-il de la plus haute importance d'adapter l'analyse stratégique au niveau d'incertain.

Attitudes et mouvements

Avant de pouvoir aborder la dynamique de la formulation de la stratégie à chaque niveau d'incertain, nous devons présenter un vocabulaire de base qui nous permettra de parler de stratégie. Premièrement, une entreprise peut choisir d'adopter l'une ou l'autre des trois attitudes stratégiques suivantes vis-à-vis de l'incertain : modeler le marché, s'y adapter ou se réserver le droit d'y jouer plus tard. Deuxièmement, le portefeuille d'actions possibles comporte trois types de mouvements utilisables pour mettre en œuvre cette stratégie : les paris « tout ou rien », les options et les mouvements « sans regret ».

Les attitudes stratégiques

Toute bonne stratégie commence par le choix d'une attitude stratégique. Fondamentalement, le concept d'attitude définit l'intention d'une stratégie à l'égard des états actuel et futur d'un secteur (voir le schéma « Les trois attitudes stratégiques », page 23).

Les entreprises qui modèlent le marché ont pour objectif d'amener le marché vers une nouvelle structure émanant de leur propre vision du futur. Leurs stratégies visent à créer de nouvelles opportunités de marché, soit en bouleversant la donne dans les secteurs relativement stables de l'environnement de niveau 1, soit en essayant de contrôler la direction du marché dans les secteurs caractérisés par des niveaux élevés d'incertitude. Avec son investissement dans la photographie digitale, Kodak poursuit par exemple une stratégie de modeleur de marché pour essayer d'y maintenir sa position dominante, étant donné qu'une nouvelle technologie est en train de supplanter celle qui génère actuellement l'essentiel de ses bénéfices. Bien que sa technologie produit soit nouvelle, la stratégie de Kodak reste attachée à un modèle traditionnel selon lequel l'entreprise fournit les appareils photos et les films digitaux tandis que les boutiques de développement photos proposent aux consommateurs un grand nombre de fonctions d'impression et de stockage. Le groupe Hewlett-Packard cherche également à modeler l'avenir de ce marché, mais il poursuit un modèle radicalement différent dans lequel des imprimantes photos de grande qualité et à faible coût déplacent le traitement des photos des boutiques photographiques vers le domicile des clients.

À l'inverse, les entreprises qui s'adaptent au marché considèrent que la structure existante du secteur et ses évolutions futures sont données, et elles réagissent aux opportunités qui se présentent. Dans les environnements comportant peu d'incertain, elles choisissent un positionnement stratégique – c'est-à-dire, où et comment entrer en lice – dans le secteur tel qu'il se présente au moment considéré. Lorsque les niveaux d'incertain sont plus élevés, leurs stratégies sont dictées par leur capacité à reconnaître et à répondre rapidement aux évolutions du marché. Dans le secteur hautement volatile des services de télécommunication, par exemple, les revendeurs de services suivent une politique d'adaptation. Ils achètent et revendent les produits et services dernier cri offerts par les grands fournisseurs de télécommunication, s'appuyant sur les prix et un service efficace plutôt que sur l'innovation produit comme source d'avantage concurrentiel.

La troisième attitude stratégique, à savoir se réserver le droit de jouer plus tard, est une forme particulière de l'attitude d'adaptation décrite précédemment. Elle ne présente d'intérêt que dans les niveaux d'incertain 2 à 4 et consiste à procéder aujourd'hui à des investissements incrémentiels qui conféreront à l'entreprise une position privilégiée par le biais d'un meilleur système d'information, de coûts de structure inférieurs ou de meilleures relations entre clients et fournisseurs. Ceci permet à l'entreprise d'attendre que l'environnement perde de son incertain pour formuler une stratégie. De nombreux groupes pharmaceutiques se réservent le droit de jouer plus tard sur le marché des applications de la thérapie génique par des acquisitions ou des alliances avec de petites entreprises de biotechnologie qui détiennent une expertise reconnue dans le domaine. S'agissant là de la constitution d'un accès privilégié aux développements les plus récents du secteur, ces investissements sont peu coûteux comparés à la mise en place d'un programme interne de R&D en thérapie génique.

Les trois attitudes stratégiques

Modeler le marché

Jouer un rôle dominant dans la définition de la façon dont le secteur opère.
Par exemple :
- fixer les normes,
- créer la demande.

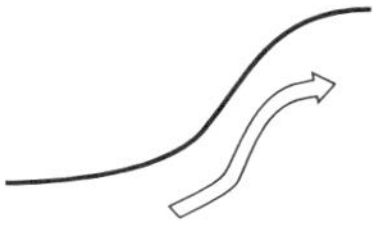

S'adapter au marché

Gagner grâce à la rapidité, à l'agilité et à la capacité à reconnaître et à saisir les opportunités offertes par les marchés existants.

Se réserver le droit de jouer plus tard

Investir suffisamment pour rester dans la course tout en évitant de s'engager prématurément.

Le portefeuille d'actions

Une attitude ne saurait constituer une stratégie complète. Elle clarifie les intentions stratégiques, mais ne renseigne en rien sur les actions nécessaires pour concrétiser cette intention. Trois types de mouvements sont particulièrement adaptés à la mise en œuvre d'une stratégie dans un environnement incertain : les paris « tout ou rien », les options et les mouvements « sans regret » (voir le Schéma « Que trouve-t-on dans un portefeuille d'actions ? », page 24).

Les paris « tout ou rien » sont des engagements de grande envergure, acquisitions ou investissements majeurs par exemple, qui se traduiront par des rendements considérables dans certains scénarios et par des

Que trouve-t-on dans un portefeuille d'actions ?

Les trois blocs-constituants présentés ci-dessous se distinguent par trois profils de rendement différents, c'est-à-dire le montant de l'investissement nécessaire au départ et les conditions dans lesquelles cet investissement générera un rendement positif.

Scénario	Valeur
1.	+
2.	+
3.	+
4.	+

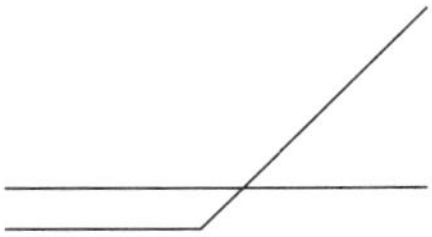

Les mouvements « sans regret »

Décisions stratégiques ayant des rendements positifs dans tous les scénarios.

Les options

Décisions qui génèrent des rendements positifs importants dans certains cas, et de faibles résultats négatifs dans d'autres.

Les paris « tout ou rien »

Stratégies très ciblées ayant des rendements positifs dans un scénario ou plus, mais des effets négatifs dans les autres.

pertes non moins considérables dans d'autres. On notera sans surprise que les stratégies qui consistent à « modeler le marché » reposent fréquemment sur des paris « tout ou rien », ce qui n'est pas le cas des stratégies « s'adapter au marché » et « se réserver le droit de jouer plus tard ».

Les options sont construites de manière à garantir les gros rendements des scénarios les plus favorables tout en minimisant les pertes des scénarios les moins favorables. De par l'asymétrie de leur structure de rendement, elles ressemblent beaucoup aux options financières. La plupart des options consistent à faire un investissement initial modeste, ce qui permettra plus tard à l'entreprise d'accroître son investissement ou de faire machine arrière en fonction des évolutions du marché. Parmi les exemples les plus classiques, citons : la procédure des tests pilotes avant le lancement complet d'un nouveau produit, la participation à des joint-ventures de distribution limitées afin de minimiser les risques liés à l'entrée sur un nouveau marché, et l'homologation d'une technologie alternative au cas où elle se révélerait supérieure à une technologie en cours. Les entreprises qui souhaitent « se réserver le droit de jouer plus tard » en font grand usage, mais celles qui « modèlent le marché » les utilisent également, soit pour fixer très tôt les contours d'un marché émergent mais incertain, soit pour couvrir leurs paris « tout ou rien ».

Enfin, les mouvements « sans regret » sont précisément ce qu'ils disent être : des mouvements qu'on ne regrettera pas dans la mesure où ils généreront des résultats positifs quoi qu'il arrive. Les dirigeants se focalisent fréquemment sur des « sans regret » évidents, tels que les démarches visant à réduire les coûts, à réunir de l'information sur la concurrence et à renforcer les compétences de l'entreprise, par exemple. Cependant, il arrive que même dans les environnements les plus incertains, des décisions stratégiques telles que l'investissement dans des capacités supplémentaires et l'entrée sur certains marchés soient des mouvements « sans regret ». Qu'ils leur donnent un nom ou pas, les dirigeants comprennent intuitivement que ces derniers sont un élément essentiel de toute stratégie.

Le choix d'une attitude stratégique et d'un portefeuille d'actions associé semble être des plus simples. Mais en pratique, ces décisions sont largement dépendantes du niveau d'incertain qui caractérise une activité donnée. Aussi, le cadre d'analyse en quatre niveaux d'incertain sera utile pour aider à clarifier les implications pratiques implicites contenues dans le choix des attitudes et des mouvements stratégiques. Dans l'analyse ci-dessous, nous montrerons les différents défis stratégiques qui se posent à chaque niveau d'incertain et nous expliquerons comment il est possible d'appliquer le portefeuille d'actions.

Stratégie dans l'environnement de niveau 1 : Un futur suffisamment clair

Dans les environnements économiques prévisibles, la plupart des entreprises suivent une stratégie d'adaptation aux marchés. L'analyse a pour but de prévoir le paysage futur d'un secteur, et la stratégie consiste à faire des choix de positionnement concernant où et comment attaquer le marché. Lorsque l'analyse initiale est solide, les stratégies de ce type sont par définition constituées d'une succession de mouvements « sans regret ».

Les stratégies d'adaptation du niveau 1 d'incertitude ne sont pas nécessairement incrémentielles ou ennuyeuses. Par exemple, le service *« low cost »* mis au point par Southwest Airlines Company constitue une stratégie d'adaptation des plus innovantes et fortement créatrice de valeur. Tout comme le fut celle de Gateway 2000 qui entra à la fin des années 80 sur le marché des ordinateurs personnels avec de faibles coûts d'assemblage et un système de distribution par marketing direct. Dans les deux cas, les dirigeants furent à même d'identifier des opportunités non exploitées dans des environnements ayant des niveaux d'incertain relativement faibles au sein de la structure existante du marché. Parmi les entreprises qui suivent des stratégies d'adaptation de niveau 1, les meilleures sont celles qui créent de la valeur par l'innovation contenue dans leurs produits ou services et par l'amélioration de leurs systèmes d'exploitation, sans modifier profondément le secteur pour autant.

Dans les situations de niveau 1, il est également possible de modeler le marché, mais ceci est rare et risqué, dans la mesure où les entreprises qui suivent cette stratégie accroissent l'incertain résiduel d'un marché par ailleurs prévisible – pour elles-mêmes et pour leurs concurrents – en essayant d'altérer fondamentalement les structures et le comportement que le secteur a toujours connus. Prenons l'exemple de la stratégie de livraison en 24 heures menée par Federal Express Corporation (ou FedEx). Lorsque FedEx aborda l'activité de livraison de courrier et de colis, qui se caractérisait par la stabilité de son environnement de niveau 1, sa stratégie l'amena effectivement à devoir faire face à une situation d'incertain de niveau 3. Ceci veut dire qu'en dépit des rapports détaillés que le directeur général, Frederick W. Smith, avait commandés à divers consultants, et qui, tous, venaient confirmer la faisabilité de son concept, il n'était pas possible à l'époque d'identifier mieux qu'une large fourchette de demande potentielle pour des livraisons en 24 heures. En ce qui concernait les entreprises existantes du secteur, United Parcel Services (ou UPS) par exemple, FedEx créa une situation d'incertain de niveau 2. Son initiative amena UPS à se poser deux questions : 1. La stratégie de livraison en 24 heures va-t-elle réussir ou non ? 2. Devrons-nous offrir un service comparable afin de rester un acteur viable du marché ?

Au bout d'un certain temps, le secteur revint à la stabilité du niveau 1, mais avec une structure fondamentalement transformée. Le pari de FedEx s'avéra payant et força le reste du secteur à s'adapter à la nouvelle demande qui s'exprimait en faveur des livraisons en 24 heures.

Quel portefeuille d'actions l'entreprise employa-t-elle pour mener à bien cette stratégie ? Comme toutes les stratégies où il est question de modeler le marché, y compris dans les environnements de niveau 1, celle-ci se nourrit d'un certain nombre de paris « tout ou rien ». Cela dit, il est souvent avisé de prendre également quelques options afin de se constituer une couverture contre les mauvais paris. Smith aurait pu couvrir ses paris en louant des avions-cargos existants au lieu d'acheter puis de faire transformer sa propre flotte de « *minifreighters* ». Ou bien il aurait pu externaliser les services locaux de ramassage et de livraison des lettres et paquets. De telles initiatives auraient eu l'avantage de limiter le montant de capital nécessaire pour se lancer dans cette nouvelle stratégie et de faciliter un retrait élégant si le concept avait finalement mal tourné. Cependant, ce genre de prime d'assurance n'est pas toujours bon marché. Dans le cas de FedEx, si Smith avait loué des avions-cargos de taille standard, il serait tombé sous le coup de la sévère réglementation du Conseil de l'Aviation Civile. Quant à l'externalisation des services locaux de ramassage et de livraison, elle risquait de diluer la valeur exceptionnelle de FedEX pour ses clients, à savoir le contact direct du porte-à-porte. Aussi, pour mettre en œuvre sa stratégie, Smith s'en tint essentiellement à des paris « tout ou rien ». Si, au cours de ses deux premières années d'exploitation, cette politique l'amena au bord de la faillite, elle eut aussi finalement pour effet de remodeler entièrement l'ensemble du secteur.

Stratégie dans l'environnement de niveau 2 : Des futurs alternatifs

Si au niveau 1 les modeleurs de marché tentent d'accroître l'incertain, aux niveaux 2, 3 et 4, ils essayent au contraire de le diminuer et de faire apparaître un peu d'ordre au milieu du chaos. Au niveau 2, les stratégies de modelage du marché sont destinées à accroître la probabilité qu'un scénario privilégié se produira effectivement. Dans les industries très capitalistiques telles que celle du papier et de la pâte à papier par exemple, les modeleurs veulent empêcher leurs concurrents de créer des capacités excessives qui détruiraient la rentabilité du secteur. En conséquence, ils sont susceptibles d'engager leur entreprise à créer des capacités nouvelles bien avant de constater un accroissement de la demande, afin de couper l'herbe sous le pied de la concurrence; ou bien ils peuvent chercher à consolider le secteur par des fusions et des acquisitions.

Examinons le cas de Microsoft Network (ou MSN). Il y a quelques années, on pouvait identifier un ensemble de possibilités selon lesquelles les transactions entre ordinateurs en réseau se feraient. Soit les réseaux de marque tels que MSN deviendraient la norme, soit les réseaux ouverts tels que l'Internet domineraient le marché. Dans cette situation, l'incertain tombait donc dans la catégorie numéro 2, même si d'autres questions stratégiques apparentées – en particulier la détermination du niveau de la demande des clients pour des applications en réseaux – relevaient du niveau 3.

Le groupe Microsoft pouvait raisonnablement espérer modeler la façon dont le marché du commerce électronique allait évoluer s'il créait son propre réseau MSN. En effet, il allait créer ainsi un pivot commercial qui lierait aussi bien les fournisseurs que les clients à l'accès MSN. Cette stratégie était un pur pari « tout ou rien » : les coûts de développement étaient loin d'être négligeables et, plus important encore, ils exposaient très manifestement l'entreprise à l'attention du secteur. En fait, Microsoft mettait bel et bien en jeu toute sa crédibilité. Ses autres activités – par exemple l'accès à MSN depuis Windows 95 à l'aide d'une seule touche – étaient pensées de manière à augmenter la probabilité que ce pari de modelage du marché s'avère payant à terme.

Les stratégies qui consistent à modeler le marché peuvent échouer. Les meilleures entreprises complètent donc leurs stratégies de modelage avec des options qui leur permettent de virer de cap rapidement.

Cependant, même les meilleurs modeleurs doivent être prêts à s'adapter. Dans la bataille entre les réseaux de marque et les réseaux ouverts, certains paramètres fondamentaux – croissance des nombres de connectés à l'Internet et d'abonnés à MSN, par exemple, ou le profil d'activité des premiers abonnés à MSN – pouvaient fournir des informations de valeur quant à l'évolution du marché. Lorsqu'il devint clair que les réseaux ouverts allaient dominer, Microsoft réorienta le concept MSN autour de l'Internet. Son comportement montre bien que le choix d'une attitude stratégique n'est pas gravé dans la pierre à jamais et il souligne clairement combien il est important de rester flexible dans les contextes incertains. Les stratégies de modelage du marché pouvant échouer, les entreprises les plus avisées complètent leurs paris « tout ou rien » par des options qui leur permettent de se réorienter rapidement si besoin est. Le groupe Microsoft en fut justement capable parce qu'il demeura flexible de bout en bout en étant désireux d'éviter les pertes, en se constituant un vivier d'ingénieurs doués d'une vaste palette de compétences en programmation et en développement de produits, et en contrôlant soigneusement les paramètres clefs de l'activité. Dans les environnements incertains, il est dangereux de laisser les stratégies évoluer en pilotage automatique et de ne les remettre à jour qu'une fois par an à l'occasion de la revue stratégique de fin d'année.

Étant donné qu'au niveau 2 d'incertain les variables fondamentales du marché sont souvent relativement simples à contrôler, il n'est pas forcément très difficile de s'adapter ou de se réserver le droit de jouer plus tard. Par exemple, les entreprises qui produisent de l'électricité – ainsi que celles dont les opérations dépendent de processus de production très consommateurs d'énergie – évoluent généralement au niveau 2 d'incertain pour déterminer le coût relatif de différentes sources énergétiques. Il est souvent possible d'identifier des scénarios – exemple : l'énergie la plus économique sera soit le gaz naturel soit le pétrole. En conséquence, de nombreuses entreprises choisissent une stratégie d'adaptation lorsqu'elles construisent de nouvelles usines : elles y installent des processus de fabrication flexibles qui ont toute facilité pour passer d'une source d'énergie à une autre en fonction des coûts relatifs.

Les groupes chimiques tendent à se réserver le droit de jouer plus tard lorsqu'ils sont confrontés au niveau 2 d'incertitude pour prévoir les performances d'une nouvelle technologie. Si cette dernière se révèle performante, les entreprises devront l'adopter pour rester dans le marché. Mais si elle ne remplit pas ses promesses, les entreprises seront en mesure d'opérer à bon escient avec les technologies existantes. La plupart des entreprises de ce secteur n'ont guère envie d'engager plusieurs centaines de millions de dollars dans la construction de nouvelles capacités de production ou dans la refonte de leurs anciennes usines avant que la nouvelle technologie n'ait fait ses preuves. Mais si elles ne procèdent pas au moins à quelques investissements incrémentiels à court terme, elles risquent de prendre un retard considérable sur leurs concurrents dans le cas où la technologie en question serait un franc succès. De ce fait, beaucoup d'entre elles vont acheter des options pour obtenir la licence de la nouvelle technologie dans un laps de temps déterminé, ou commencer à réformer une partie de leur capacité de production pour pouvoir y accueillir la nouvelle technologie. Dans un cas comme dans l'autre, ces engagements de départ relativement modestes placent sans obligation les entreprises en position privilégiée pour accélérer ou ralentir le développement de la nouvelle technologie en fonction des caractéristiques de performance qu'elle manifestera au cours du temps.

Stratégie dans l'environnement de niveau 3 : Toute une gamme de futurs

La stratégie de modelage du marché prend une forme tout à fait différente au niveau 3 d'incertain. Si, au niveau 2, les modeleurs essaient d'obtenir un résultat particulier, au niveau 3 ils s'efforcent de faire évoluer le marché dans une direction générale car ils ne sont pas en mesure d'identifier quelque chose de plus précis qu'une gamme de résultats possibles. Prenons l'exemple de la bataille pour la maîtrise des standards des transactions de paiement électroniques. C'est actuellement une question de niveau 3 d'incertain puisque, s'il est possible de définir une gamme de produits et services potentiels allant des transactions purement papier aux transactions purement électroniques, il n'est pourtant pas évident aujourd'hui de savoir s'il existe le moindre scénario naturel discret dans les limites de cette gamme. Mondex International est un consortium de prestataires de services financiers et de sociétés de technologie associée qui essaie de modeler le futur en établissant des techniques dont il espère qu'elles deviendront les standards universels des transactions de paiement électroniques. Il appuie son attitude stratégique sur des paris « tout ou rien » qui consistent à investir lourdement en développement de produit, en infrastructure, et en expériences pilotes destinées à accélérer l'acceptation des clients.

De leur côté, les banques régionales optent en général pour des stratégies d'adaptation. Aux niveaux d'incertain 3 et 4, les attitudes d'adaptation au marché sont fréquemment concrétisées par des investissements en compétences internes destinées à maintenir les choix ouverts. Comme ils doivent faire des choix et les mettre en œuvre en temps réel, les adeptes de l'adaptation ont besoin d'un accès rapide à la meilleure information de marché, ainsi que d'une structure d'organisation interne extrêmement flexible. Beaucoup de banques régionales ont mis en place des comités de pilotage centrés sur les paiements électroniques, les projets de R&D et les systèmes de veille concurrentielle, de manière à ce qu'elles puissent contrôler en permanence les développements de la technologie et du marché des paiements électroniques (voir le schéma « Comment une banque régionale affronte les incertitudes du commerce électronique. », page 35). De plus, beaucoup de banques régionales font de petits investissements dans des consortiums sectoriels, ce qui est une autre façon de contrôler les événements. Cette approche d'adaptation convient parfaitement à la plupart des banques régionales : elles ne disposent pas des fonds et des compétences nécessaires pour fixer les normes du marché des paiements électroniques, et pourtant il est essentiel qu'elles puissent offrir à leurs clients les services électroniques les plus récents à mesure qu'ils deviennent disponibles sur le marché.

La stratégie qui consiste à se réserver le droit de jouer plus tard est une attitude courante dans les environnements de niveau 3. Considérons le cas d'une entreprise de télécommunication qui envisageait au début des années 90 de faire un investissement de 1 milliard de dollars dans les réseaux câblés à large bande passante. La décision reposait sur des incertitudes de niveau 3 telles que, par exemple, la demande pour des services télévisés interactifs. Aussi pointue fut-elle, aucune analyse de marché ne pouvait prédire avec précision la demande potentielle pour des services qui n'existaient pas encore. Toutefois, il pouvait y avoir beaucoup d'informations utiles à gagner en procédant à des tests sur les réseaux câblés à large bande passante au moyen d'investissements incrémentiels. De plus, l'entreprise se trouvait ainsi en position très favorable

Comment une banque régionale affronte les incertitudes du commerce électronique

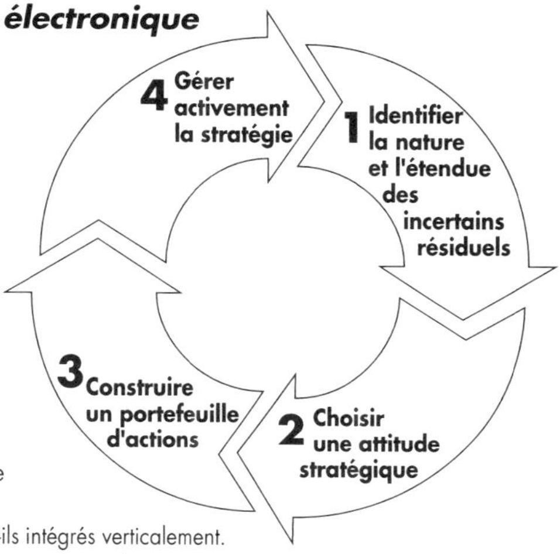

1. Identifier la nature et l'étendue des incertains résiduels

Les principales zones d'incertain sont les suivantes :

- Quel volume de commerce électronique se fera sur l'Internet.
- A quelle vitesse les clients passeront des paiements papier aux paiements électroniques.
- Quels instruments deviendront les principaux véhicules de paiement (Smart cards ? E-paiements ?).
- Quelle sera la structure émergente de l'industrie du commerce électronique.
- Jusqu'à quel point la plupart des acteurs seront-ils intégrés verticalement.
- Quels seront les rôles des banques et des autres acteurs non bancaires.

La banque est en situation d'incertain de niveau 3 dans certains domaines et de niveau 4 dans d'autres.

2. Choisir une attitude stratégique

Objectifs :

- Défendre le portefeuille actuel de clients contre les attaques de nouveaux concurrents à valeur ajoutée technologique.
- Saisir les opportunités d'activités nouvelles dans les marchés en forte croissance.

Attitude stratégique : se réserver le droit de jouer plus tard.

3. Construire un portefeuille d'actions

Les opportunités à court terme pour offrir des produits plus innovants dans des domaines spécifiques où la banque est en position de force sont des mouvements « sans regret » (commandes par carte, produits de paiement spécifiques au secteur, par exemple).

L'offre de produits de paiement très sophistiqués aux segments des clients à forte valeur ajoutée qui sont particulièrement vulnérables aux attaques de la concurrence est également un mouvement « sans regret ».

La constitution d'une petite unité consacrée aux nouvelles activités est une option de croissance pour :

- Engager des investissements en R&D afin de générer de nouvelles idées de paiement.
- Contrôler les développements du secteur dans le domaine général des paiements électroniques au détail.

4. Gérer activement la stratégie

Contrôler les événements clefs tels que les taux d'adoption des produits émergents et le comportement de concurrents non traditionnels tels que les compagnies téléphoniques.

Mettre en place un suivi intensif du portefeuille d'actions.
Participer à plusieurs regroupements sectoriels afin de réduire l'incertain.

pour étendre l'activité dans le futur si elle devait se révéler particulièrement intéressante. En orientant la décision d'investissement dans les réseaux câblés à large bande passante vers une série d'options plutôt que sur un pari « tout ou rien », l'entreprise s'est réservé le droit de jouer plus tard dans un marché potentiellement lucratif, sans avoir à miser le tout pour le tout ni risquer d'être devancée par un concurrent.

Stratégie dans l'environnement de niveau 4 : L'ambiguïté totale

Paradoxalement, si les situations de niveau 4 sont celles qui contiennent le plus d'incertain, elles sont également susceptibles d'offrir des possibilités de rendement plus élevées et de présenter des risques moins importants que les situations de niveau 2 et 3 pour les entreprises qui cherchent à modeler le marché. Rappelons-nous que les situations de niveau 4 sont par nature transitoires et qu'elles surviennent souvent à la suite d'un choc technologique, macroéconomique ou réglementaire majeur. Dans la mesure où personne ne connaît vraiment la meilleure stratégie à mettre en œuvre dans ce type d'environnement, le rôle du modeleur consiste à donner une idée de la structure et des normes qui animeront à terme le secteur. Cela aura pour effet de coordonner les stratégies des autres acteurs et d'entraîner le marché en direction d'une situation plus stable et plus favorable.

Le Premier ministre de la Malaisie, Mahathir bin Mohamad, essaie de modeler l'avenir de l'industrie du multimédia sur la frange côtière du Pacifique asiatique. Dans l'état actuel des choses, il se lance sans doute possible dans un problème stratégique de niveau 4.

Les produits potentiels sont encore inconnus, tout comme le sont également les acteurs, le niveau de la demande des clients et les normes technologiques, entre autres facteurs décisifs. Le gouvernement s'efforce de générer de l'ordre dans ce chaos en investissant au moins 15 milliards de US$ pour créer un « Super Corridor Multimédia » (ou MSC) – pour l'appeler par son nom – en Malaisie. Le MSC est une zone de 750 kilomètres carrés située au sud de Kuala Lumpur qui abritera des bâtiments « intelligents » derniers cris destinés à des entreprises de logiciels, les sièges sociaux régionaux de grands groupes multinationaux, une « Université du Multimédia », un centre gouvernemental « sans paperasserie» appelé Putrajaya, et une ville nouvelle baptisée Cyberjaya. Grâce à des incitations telles qu'une exemption d'impôt sur les bénéfices pendant 10 ans, le MSC a reçu à ce jour les engagements d'implantation de plus de 40 entreprises malaises et étrangères, dont Intel, Microsoft, Nippon Telegraph and Telephone, Oracle, et Sun Microsystems. La stratégie de modelage du marché de Mahathir se fonde sur l'idée que le MSC va tisser une toile de relations entre les fournisseurs de matériel et de logiciels qui se traduiront par l'émergence de normes claires ainsi que par l'apparition d'un ensemble de produits et services multimédias complémentaires. Le directeur général d'Intel pour la Malaisie, David B. Marsing, perçut clairement les ambitions de modelage de Mahathir lorsqu'il exprima la remarque suivante : « si vous êtes un évolutionniste, le procédé est bizarre.

Netscape a compté plus sur la crédibilité que sur une abondance de fonds pour influencer les normes des navigateurs Internet.

Ils (le gouvernement malais) essaient d'intervenir au lieu de laisser les choses évoluer. »

Toutefois, pour réussir dans les situations de niveau 3 ou 4, les modeleurs n'ont nullement besoin de faire des paris aussi considérables que celui du gouvernement Malais. La seule condition essentielle consiste à posséder la crédibilité nécessaire pour coordonner les stratégies de différents joueurs autour du scénario privilégié. Netscape Communications Corporation, par exemple, n'a pas compté sur une abondance de fonds pour avoir une influence décisive sur les normes des navigateurs Internet. Elle joua au contraire sur la crédibilité dont jouissaient ses équipes dans le secteur afin que les autres acteurs en viennent à penser : « si ces types pensent que c'est la bonne façon de procéder, ils doivent avoir raison. »

« Se réserver le droit de jouer plus tard » est une attitude stratégique courante dans les situations de niveau 4, mais elle comporte quelques dangers potentiels. Il y a de ça une vingtaine d'années, les compagnies pétrolières s'imaginaient qu'elles se réservaient le droit de jouer en Chine en achetant des options pour y établir plusieurs têtes de pont. Or dans de telles situations de niveau 4, il est extrêmement difficile de déterminer si les investissements incrémentiels réservent véritablement le droit de jouer, ou simplement le droit de perdre. Il existe cependant quelques règles générales. Premièrement, recherchez toujours un fort effet de levier. Si le choix d'une tête de pont en Chine doit se faire entre le maintien d'une opération locale petite mais chère ou le développement d'une joint-venture limitée avec un distributeur local, toutes choses étant égales par ailleurs, optez pour l'option la moins coûteuse. Les options à coûts plus élevés doivent être justifiées à l'aide d'arguments explicites qui montrent pourquoi elles donneront à l'entreprise une meilleure position pour développer le projet dans le futur. Deuxièmement, ne vous laissez pas enfermer dans une position par négligence. Les options doivent être réévaluées avec la plus grande rigueur chaque fois que des zones d'incertitude importantes se clarifient – au moins tous les six mois. N'oubliez pas que les situations de niveau 4 sont transitoires et que la plupart d'entre elles évolueront rapidement vers des situations de niveau 3 ou 2.

La difficulté de gérer des options au niveau 4 conduit souvent les entreprises à suivre des attitudes d'adaptation. Au niveau 4 comme au niveau 3, cette attitude consiste fréquemment à faire des investissements en compétences internes. La plupart des acteurs potentiels du secteur du multimédia adoptent cette attitude aujourd'hui, mais ils en viendront rapidement à faire des paris plus importants à mesure que le secteur rejoindra les niveaux 3 et 2 d'incertain.

Une nouvelle approche de l'incertain

L'approche stratégique traditionnelle se fonde sur l'hypothèse centrale selon laquelle, en appliquant un ensemble d'outils analytiques puissants, les dirigeants d'entreprise peuvent prédire le futur de n'importe quel secteur d'activité avec une précision telle qu'ils seront à même de choisir une direction stratégique claire. Dans les secteurs d'activité relativement stables, cette approche continue à bien fonctionner. Mais elle tend à se paralyser lorsque l'environnement est si incertain qu'aucune analyse, aussi parfaite soit-elle, ne leur permettra de prédire le futur.

Aujourd'hui, les responsables d'entreprise sont régulièrement confrontés à des niveaux d'incertain si élevés qu'ils ont besoin d'un mode de pensée stratégique complètement nouveau (voir ci-dessous : « Indispensable : un éventail d'outils stratégiques plus complet.). La méthode que nous venons de présenter aidera les dirigeants à se préserver des dangers des approches par trop binaires de l'incertain pour lequel elle fournit un cadre de réflexion rigoureux et systématique. D'un point de vue pratique, elle les guidera dans la détermination des outils analytiques qui faciliteront la prise de décision à différents niveaux d'incertain. D'un point de vue plus général, elle constitue un moyen d'appréhender les décisions les plus risquées que les dirigeants aient à prendre, car elle leur permet d'acquérir une connaissance plus complète et plus sophistiquée de l'incertain qui les environne ainsi que de ses implications stratégiques.

Indispensable : un éventail d'outils stratégiques plus complet

Pour mener à bien les analyses appropriées à des niveaux d'incertain élevés, bon nombre d'entreprises devront compléter leur éventail actuel d'outils stratégiques. Les techniques de planification multi-scénarios sont essentielles pour déterminer la stratégie en situation d'incertitude. La théorie des jeux aidera les dirigeants à comprendre les incertitudes relevant de la conduite de leurs concurrents. La dynamique des systèmes et les modèles de simulation basés sur le comportement des agents seront utiles pour mieux appréhender les interactions complexes qui se jouent sur un marché. Les modèles d'évaluation des options réelles permettront d'évaluer correctement les investissements réalisés dans les domaines de la formation et de la flexibilité. Les références suivantes aideront les dirigeants à démarrer :

La planification multi-scénarios. Kees van der Heijden, *Scenarios : The Art of Strategic Conversation* (scénarios : l'art de la conversation stratégique) (New York : John Wiley & Sons, 1996) ; Paul J. H. Schoemaker, « *Scenario Planning : A New Tool for Strategic Thinking* » (« La planification multi-scénarios : un nouvel outil pour la réflexion stratégique »), *Sloan Management Review*, hiver 1995.

La théorie des jeux. Avinash K. Dixit et Barry J. Nalebuff, *Thinking Strategically : The Competitive Edge in Business, Politics, and Everyday Life* (Penser stratégiquement : le plus concurrentiel dans les affaires, la politique et la vie de tous les jours) (New York : W. W. Norton, 1991) ; Adam M. Brandeburger et Barry J. Nalebuff, « *The Right Game : Use Game Theory to Shape Strategy* », (Ne vous trompez pas de jeu : utilisez la théorie des jeux pour modeler la stratégie, page 85 de cet ouvrage), *HBR* juillet – août 1995.

La dynamique des systèmes. Peter N. Senge, *Fifth Discipline : The Art and Practice of the Learning Organization* (La cinquième discipline First, 91) (New York : Doubleday, 1990) ; Aries de Geus, « *Planning as learning* » (« Planifier, c'est apprendre », page 67 de cet ouvrage), *HBR* mars-avril 1988.

Les modèles basés sur le comportement des agents. John L. Casti, *Would-be Worlds : How Simulation Is Changing the Frontiers of Science* (Des mondes hypothétiques : comment la simulation est en train de changer les frontières de la science) (New York : John Wiley & Sons, 1997).

Les options réelles. Avinash K. Dixit et Robert S. Pindyck, « The Options Approach to Capital Investment, » (« Les allocations de capital traitées selon l'approche optionnelle »), *HBR* mai-juin 1995; Timothy A. Luehrman, « *What's it Worth* ? » (« Combien ça vaut ? »), *HBR* mai-juin 1997.

Cet article s'appuie sur des travaux de recherche menés dans le cadre de la *Strategy Theory Initiative* (Initiative en matière de théorie stratégique, ou STI) en cours actuellement chez McKinsey. Les auteurs remercient vivement leurs collègues de la STI pour les contributions significatives qu'ils leur ont apportées.

Première publication en novembre – décembre 1997
Traduit par Nathalie Meyer pour les Éditions d'Organisation
Réédition 97603

La course pour le futur

Gary Hamel et C.K. Prahalad

Résumé des points essentiels

Votre entreprise fait-elle partie des précurseurs ou des suiveurs ? Vise-t-elle avant tout à rester dans la course ou à faire la course en tête ? Consacrez-vous l'essentiel de votre temps à de la maintenance en vue de préserver l'existant ou êtes-vous au contraire un architecte du futur ? Ces questions délicates restent sans réponse non parce que les principaux dirigeants sont paresseux – la plupart travaillent plus dur que jamais – mais parce qu'ils ont du mal à admettre qu'ils contrôlent moins que jamais le futur de leur entreprise. Dans cette adaptation de l'ouvrage qu'ils vont publier prochainement, Hamel et Prahalad pressent les dirigeants de se tourner vers le futur et d'évaluer le potentiel de leur entreprise pour modeler ce futur dans les années et les décennies à venir.

Si le futur n'occupe pas les hauts dirigeants, qu'est-ce qui les occupe ? Les restructurations et le *reengineering*. S'il s'agit bien là de deux tâches légitimes, elles s'intéressent néanmoins avant tout à la consolidation des activités d'aujourd'hui plutôt qu'à l'édification de celles de demain. Les restructurations essayent de corriger les erreurs du passé tandis que le *reengineering* consiste surtout à rester au niveau des concurrents.

Pour créer le futur, à la manière d'Electronic Data System (EDS) par exemple, il faut de la prévision. Étant donné que le changement est inévitable, les dirigeants doivent décider s'il se fera dans une atmosphère de crise, ou au contraire dans un contexte de calme et de réflexion éclairé par la prévision de l'avenir du secteur. Ils doivent également décider si le programme de transformation de l'entreprise sera imposé par les mouvements de concurrents plus avisés, ou bien s'il sera le fruit de son propre point de vue du futur. Trop souvent, la prise en compte approfondie du futur n'intervient que lorsque les succès d'aujourd'hui commencent à s'éroder. Pour prendre de l'avance sur les transformations de leur secteur, les dirigeants doivent prendre conscience que le véritable objectif de leur entreprise consiste à saisir l'opportunité de participer à la course pour le futur.

Faites mentalement le tour de votre entreprise. Regardez les initiatives de haut niveau qui ont été lancées depuis peu, examinez les sujets qui préoccupent les membres du Comité de Direction, les critères et les points de comparaison qui servent à mesurer les performances, ainsi que les réalisations en matière de développement d'activités nouvelles. Plongez vos regards dans ceux de vos collègues et prenez la mesure de leurs ambitions et de leurs craintes. Tournez-vous vers le futur et évaluez le potentiel de votre entreprise pour modeler ce futur dans les années et les décennies à venir.

Lorsque c'est chose faite, posez-vous les questions suivantes : les dirigeants de mon entreprise partagent-ils une vision claire de ce que le secteur pourrait être d'ici dix ans ? Mon entreprise est-elle la seule de son secteur à soutenir ce point de vue du futur ?

Ces questions ne sont en aucune façon purement rhétoriques. Prenez un stylo et calculez le score de votre entreprise.

Où se situe le point du vue du futur des dirigeants de votre entreprise par rapport à celui de vos concurrents ?

Conventionnel .... Original et
et réactif visionnaire

Quel est le thème qui monopolise le plus l'attention des dirigeants ?

Le reengineering des ....La réactualisation des
processus de base stratégies fondamentales

Comment les concurrents voient-ils votre entreprise ?

Avant tout .... Avant tout
comme un suiveur comme un précurseur

Quelle est la force de votre entreprise ?

Efficacité .... Innovation
opérationnelle et croissance

En terme d'avantage concurrentiel, quel est l'objectif de votre entreprise ?

Avant tout .... Avant tout
rester dans la course faire la course en tête

Qu'est-ce qui est à l'origine du programme de transformation de votre entreprise ?

L'avance prise par Ses décisions
ses concurrents ....propres

Consacrez-vous l'essentiel de votre temps à de la maintenance en vue de préserver l'existant ou êtes-vous au contraire un architecte du futur ?

Avant tout .... Avant tout
maintenance architecte du futur

Si vos scores se situent quelque part au milieu des deux pôles ou complètement à l'extérieur gauche, votre entreprise déploie vraisemblablement trop d'énergie pour préserver le passé et pas assez pour créer le futur.

Lorsque nous abordons le thème du futur avec les dirigeants d'entreprise, nous leur posons trois questions. Premièrement, quel pourcentage de votre temps dédiez-vous aux questions externes plutôt qu'aux affaires internes – par exemple à l'analyse des implications de cette nouvelle technologie plutôt qu'aux discussions relatives aux allocations des frais généraux ? Deuxièmement, sur ce temps consacré à l'observation de l'environnement extérieur, quelle est la part qui revient effectivement à l'examen des évolutions possibles du monde dans les cinq ou dix ans, par rapport à celle qui consiste à se demander comment il sera possible de gagner le prochain gros contrat ou à s'adapter à un changement de prix chez un concurrent ? Troisièmement, quelle proportion du temps consacré aux problèmes externes et aux questions d'avenir passez-vous à travailler avec vos collaborateurs pour mettre au point une perspective du futur validée et partagée, par opposition à un point de vue reflétant vos idiosyncrasies personnelles ?

Les réponses à ces questions échappent rarement à ce que nous appelons la « règle des 40/30/20 ». Si l'on en croit notre expérience, les dirigeants d'entreprise consacrent environ 40 % de leur temps à l'examen de l'environnement extérieur. De ces 40 %, une part de 30 % consiste à observer le futur tel qu'il pourrait être dans les trois, quatre, cinq ans, ou plus, à venir. De ce temps réservé à l'étude du futur, l'élaboration d'un point de vue collectif du futur ne représente que le cinquième, soit 20 %. (Les 80 % restants consistent à évaluer les perspectives d'avenir du secteur d'activité spécifique du dirigeant). Ainsi donc, en moyenne, les dirigeants d'entreprise consacrent moins de 3 %

(40 % x 30 % x 20 %) de leur temps à l'édification d'une perspective d'entreprise sur le futur. Dans certaines entreprises, cette proportion est même inférieure à 1 %. L'expérience nous suggère que pour développer un point de vue caractérisé du futur, les dirigeants doivent avoir la volonté d'y consacrer beaucoup plus de temps qu'ils ne le font en général. Et après la première explosion d'énergie nécessaire à l'élaboration d'une vision caractérisée du futur, ils doivent avoir la volonté d'ajuster cette perspective à mesure que le futur se réalise. Sans un engagement de ce type, et sans la mise en œuvre d'une activité intellectuelle substantielle et soutenue, il risque d'être difficile de répondre à des questions telles que : quelles nouvelles compétences fondamentales devons-nous développer ? Sur quels nouveaux concepts de produits devons-nous agir en précurseur ? De quelles alliances aurons-nous besoin ? Quels projets réglementaires à long terme devons-nous poursuivre ?

Nous considérons que dans de nombreuses entreprises ces questions n'ont pas reçu le quart de l'attention qu'elles méritaient, non parce que les principaux dirigeants sont paresseux – la plupart d'entre eux travaillent plus dur que jamais –, mais parce qu'ils ont du mal à admettre, aussi bien pour eux-mêmes que vis-à-vis de leurs collaborateurs, qu'ils contrôlent moins que jamais le futur de leur entreprise. Des questions difficiles restent sans réponse parce qu'elles viennent remettre en cause l'hypothèse selon laquelle les hauts dirigeants maîtrisent effectivement les choses, sont effectivement dotés, mieux que quiconque dans l'entreprise, d'une vision du futur pertinente et précise, et détiennent effectivement déjà une image claire et incontournable de l'avenir de l'entreprise. Les dirigeants sont rarement désireux d'affronter ces illusions. En conséquence, l'urgent évince l'important, le futur reste largement inexploré. La capacité à agir plutôt qu'à réfléchir et à imaginer devient le seul critère d'évaluation des responsables.

Par-delà les restructurations

Les douloureux bouleversements qui, ces dernières années, ont affecté tant d'entreprises reflètent l'échec de celles qui dominaient leur secteur à suivre le rythme toujours plus rapide des évolutions de leur environnement. Pendant des décennies, les changements entrepris par des poids lourds tels que Sears, General Motors, IBM, ou Volkswagen n'en restèrent peut-être pas exactement au niveau zéro de la vitesse, mais ils ne furent guère autre chose que des extrapolations linéaires du passé. Ces entreprises étaient dirigées par des gestionnaires et non par des meneurs visionnaires, par des techniciens de maintenance et non par des architectes.

Si le futur n'occupe pas les hauts dirigeants, qu'est-ce qui les occupe ? Les restructurations et le *reengineering*. S'il s'agit bien là de deux tâches légitimes et importantes, elles s'intéressent néanmoins avant tout à la consolidation des activités d'aujourd'hui plutôt qu'à l'édification de celles de demain. Toute entreprise qui fera du surplace sur la route du futur verra sa structure, ses valeurs et ses compétences perdre progressivement de leur pertinence à l'égard des réalités de l'environnement économique. C'est ce décalage entre le rythme d'évolution des secteurs d'activité et le rythme des changements mis en œuvre dans les entreprises qui crée la nécessité de procéder à des transformations organisationnelles.

Les réductions d'effectifs, les coupes dans les services centraux, les programmes de motivation et de responsabilisation des salariés, les réactualisations de processus et les rationalisations de portefeuille sont des étapes typiques des calendriers de transformation organisationnelle des entreprises. Lorsqu'un problème de compétitivité – croissance en stagnation, baisse des marges ou part de marché en chute libre, par exemple – ne peut plus être ignoré, la plupart des responsables d'entreprise prennent un couteau et s'attellent à la douloureuse opération de la restructuration. L'objectif consiste à dégraisser l'organisation et à l'amputer des activités contre-productives. Les cadres qui, à l'instar de John Akers chez IBM et Robert Stempel chez General Motors, n'ont pas l'estomac assez solide pour pratiquer cette chirurgie de service d'urgence se retrouvent assez vite sans travail.

Lorsqu'un problème de compétitivité – croissance en stagnation, baisse des marges ou part de marché en chute libre, par exemple – ne peut plus être ignoré, la plupart des responsables d'entreprise prennent un couteau et s'attellent à la douloureuse opération de la restructuration.

Masquées par des termes tels que recentrage (terme anglais : *refocusing*), rationalisation des niveaux hiérarchiques (*delayering*), remise en ordre (*decluttering*) et recherche de la taille optimale (*right-sizing*) – question : pourquoi la taille optimale est-elle toujours la plus petite ? –, les restructurations se traduisent inéluctablement par des réductions d'effectifs. En 1993, les grands groupes américains annoncèrent près de 600 000 licenciements – 25 % de plus qu'en 1992, et presque 10 % de plus qu'en 1991, année où la récession aux États-Unis toucha son point le plus critique. Quant aux entreprises européennes, elles ont essayé de repousser aussi longtemps que possible leur jour de vérité, mais les réalités de masses salariales de plus en plus élevées et de coûts de main-d'œuvre de moins en moins contrôlés ont finalement rendu les restructurations aussi inévitables dans l'ancien monde que dans le nouveau. Malgré les explications en forme d'excuses liées à la concurrence mondiale et à l'impact de technologies destinées à améliorer la productivité, la plupart des licenciements effectués par les grands groupes américains ne reflètent rien d'autre que les erreurs de dirigeants qui se sont endormis au volant de leur entreprise et qui ont manqué le tournant du futur.

La plupart des licenciements dans les grands groupes américains reflètent les erreurs des dirigeants qui se sont endormis au volant de leur entreprise et ont manqué le tournant du futur.

Lorsqu'il n'y a plus de croissance, si ce n'est à un rythme très ralenti, les entreprises ont vite fait de juger que leurs listes de salariés toujours plus longues et que leurs programmes traditionnels de R&D et d'investissement deviennent insupportables. Les problèmes liés à une faible croissance sont souvent exacerbés par la négligence vis-à-vis de frais généraux en expansion (problème d'IBM), par des diversifications dans des activités non apparentées (cas de Xerox dans les services financiers), et par la paralysie imposée par des effectifs qui immanquablement campent sur leur position. Dans ces conditions, il n'est guère étonnant que les actionnaires jettent aux entreprises moribondes des diktats sans équivoque du style : « dégraissez et allégez complètement cette entreprise » ; « faites suer les actifs » ; « reprenez tout à la base ». Dans pratiquement toutes les entreprises, le rendement du capital employé, la valeur de l'actionnaire et le chiffre d'affaires par salarié sont devenus les premiers arbitres de la performance des dirigeants.

Bien que peut-être inévitables et, même, dans bien des cas, louables, les restructurations détruisent des vies, des foyers et des collectivités au nom de l'efficacité et de la productivité. S'il est impossible de contredire de tels objectifs, les poursuivre aveuglément finit par faire plus de mal que de bien à la cause de la compétitivité.

Expliquons-nous, et prenons le cas d'un directeur général qui sait parfaitement que s'il ne rentabilise pas son entreprise, il sera promptement remplacé par quelqu'un d'autre. Il lance donc un programme musclé d'amélioration du retour sur investissements (*return on investment* ou ROI). Or le ROI (tout comme le rendement des actifs nets et le rendement des capitaux employés) se compose de deux éléments : le numérateur, c'est-à-dire le résultat net, et le dénominateur, c'est-à-dire les investissements, les actifs nets ou les capitaux employés, suivant le cas considéré. Dans les activités de service, le nombre de personnes employées serait sans doute un dénominateur plus approprié. Les dirigeants savent qu'il risque d'être plus difficile d'augmenter le résultat net que de réduire les actifs ou les effectifs. Pour accroître le numérateur, ils doivent avoir une idée de l'endroit où trouver de nouvelles opportunités, ils doivent être capables d'anticiper l'évolution des besoins des clients, ils doivent avoir pris la peine d'investir dans la formation de nouvelles compétences, etc... En conséquence, soumis à une pression intense pour améliorer rapidement le ROI, ils s'attaquent au levier qui donnera des fruits le plus rapidement et le plus sûrement possible : le dénominateur.

Les États-Unis et le Royaume-Uni ont produit une génération entière de cadres d'entreprise obsédés par le dénominateur. Ils sont capables de réduire les effectifs, de remettre de l'ordre, de rationaliser les niveaux hiérarchiques et de déconsolider les entreprises mieux que n'importe quel autre dirigeant. Même avant la vague actuelle de restructurations, les entreprises américaines et britanniques affichaient en moyenne les plus hauts ratios mondiaux de rentabilité financière. La gestion du dénominateur est un raccourci comptable qui permet d'annoncer de bons résultats à peu de frais.

Comprenons-nous bien. Une entreprise doit aborder le futur, non seulement en première position, mais également à un coût moindre que les autres. Mais il existe plus d'une route possible pour améliorer la productivité. L'augmentation du chiffre d'affaires couvrant une base de personnes et de capitaux employés constante ou en faible croissance générera des gains de productivité au même titre que le maintien des ventes associé à une réduction du dénominateur. Même si cette dernière approche s'avère parfois nécessaire, nous pensons que la première est généralement plus souhaitable.

Dans un monde où les concurrents sont capables de dégager des augmentations de bénéfice de 5 %, 10 % ou 15 %, une politique agressive de réduction du dénominateur dans un contexte d'activité constante n'est rien d'autre qu'une façon de vendre et des parts de marché et le futur de l'entreprise. Pour les stratèges du marketing, il s'agit là de ce qu'ils appellent la « stratégie du moissonneur », stratégie qu'ils jugent plutôt pauvre intellectuellement. Entre 1969 et 1991, par exemple, la production industrielle britannique (le numérateur) ne s'est accrue que de 10 % en termes réels. Or sur la même période, le nombre de personnes employées par l'industrie britannique (le dénominateur) fut presque divisé par deux. Résultat : dans la première moitié des années 80 – les années Thatcher – la productivité de l'industrie du Royaume-Uni a progressé plus vite que dans n'importe quel autre pays industrialisé, Japon excepté. Bien que la presse britannique et les ministres conservateurs s'en soient largement félicités, ce doux succès comportait des relents d'amertume. Tandis qu'une nouvelle législation venait limiter le pouvoir des syndicats et que la libéralisation d'un certain nombre d'obstacles statutaires à la réduction des effectifs permettait aux dirigeants de supprimer peu à peu des pratiques de travail dépassées et inefficaces, les entreprises britanniques firent montre d'une aptitude des plus modestes pour développer de nouveaux marchés, tant sur le terrain domestique qu'à l'international, et elles virent en effet leur part de marché mondiale s'amenuiser. On s'attendait presque à lire dans le *Financial Times* que le Royaume-Uni avait rattrapé le Japon en terme de productivité – et que l'ultime personne au travail dans l'industrie britannique était la fripouille la plus productive de toute la planète.

Les coûts sociaux des pertes d'emplois motivées par la réduction du dénominateur sont élevés. Si telle entreprise individuelle sera éventuellement capable d'éviter certains de ces coûts, la société, elle, ne le peut pas. Au Royaume-Uni, le secteur des services ne put absorber tous les ouvriers mis en disponibilité par l'industrie et dut en passer lui-même par des opérations de licenciements lors de la récession qui commença en 1989. Les réductions d'effectifs ont également pour effet de faire tomber le moral des salariés à zéro. On leur dit que « les personnes constituent l'actif le plus important de l'entreprise », mais ils constatent que les personnes constituent aussi l'actif dont l'entreprise se passe le mieux.

De plus, les restructurations débouchent rarement sur des améliorations fondamentales de l'activité. Au mieux, elles permettent de gagner du temps. Selon une enquête consacrée à 16 grands groupes américains dotés d'une expérience de restructuration supérieure ou égale à 3 ans, il ressort que si les restructurations eurent bien pour conséquence d'augmenter le prix de l'action de l'entreprise, cette amélioration fut presque toujours temporaire. Après trois ans de restructurations, le cours des titres des entreprises étudiées se situait en moyenne encore plus en deçà des indices de taux de croissance de référence qu'auparavant.

Par-delà le *reengineering*

Les réductions de capacité et d'effectifs cherchent à corriger les erreurs du passé, mais elles ne créent pas les marchés de demain. Devenir plus petit ne suffit pas. Prenant acte du fait que les restructurations sont une voie sans issue, les entreprises avisées passent au *reen-*

gineering. La différence entre les restructurations et le *reengineering* vient de ce que cette dernière option offre au moins l'espoir, sinon la réalité, que la santé de l'entreprise va s'améliorer parallèlement à l'allègement des structures. Mais dans de nombreuses entreprises le *reengineering* consiste beaucoup plus à rester dans la course qu'à faire la course en tête.

Par exemple, les constructeurs automobiles de Detroit cherchent à rester au niveau de leurs concurrents japonais en termes de coûts et de qualité. Les réseaux de fournisseurs ont été reconstitués, les processus de développement produit repensés et les processus de fabrication entièrement rénovés. Et pourtant, les gros titres enthousiastes qui saluèrent le retour de Detroit dans le club des grands constructeurs passèrent à côté de la réalité plus profonde : entre autres pertes, il faut compter des centaines de milliers d'emplois, quelques 20 % de part de marché aux États-Unis et tout espoir de voir les constructeurs américains battre dans un proche avenir leurs concurrents japonais sur les marchés en pleine croissance des pays asiatiques.

Rester dans la course n'est pas suffisant. Selon une enquête réalisée à la fin des années 80, presque 80 % des dirigeants américains interrogés estimaient que la qualité serait un facteur fondamental d'avantage concurrentiel en l'an 2000, tandis qu'à peine la moitié de leurs homologues japonais étaient de cet avis. Leur premier objectif consistait à créer de nouveaux produits et de nouvelles activités[1]. Est-ce à dire que les dirigeants japonais envisagent de faire une croix sur la qualité ? Certes pas. Ceci signifie simplement que d'ici à l'an 2000 la qualité sera le prix de l'entrée sur un marché et non un élément de différenciation concurrentielle. Les dirigeants japonais ont pris conscience que les avantages concurrentiels de demain seront différents de ceux d'aujourd'hui. On attend de voir si les constructeurs de Detroit dicteront la cadence de la prochaine manche et produiront des véhicules aussi séduisants que totalement fiables et économiques en carburant, ou s'ils se reposeront une fois de plus sur leurs lauriers.

Nous rencontrons beaucoup trop de responsables d'entreprise dont les plans de travail sont presque exclusivement consacrés à la qualité, à la rapidité des délais et à la réactivité vis-à-vis des clients. Si ces avantages sont effectivement indispensables pour survivre, ils ne témoignent guère des capacités d'anticipation des dirigeants. Bien que ces derniers essaient souvent de faire de l'imitation une vertu en la parant des atours colorés de l'adaptabilité, ils ne s'adaptent bien souvent qu'aux stratégies offensives de concurrents plus imaginatifs.

Prenons l'exemple de Xerox. Au cours des années 70 et 80, le groupe céda des parts de marché non négligeables à des concurrents japonais tels que Canon et Sharp. Comprenant qu'il était en train de s'engager sur la pente glissante de l'oubli, il se mit à se comparer à ses concurrents et revit entièrement ses processus. Au début des années 90, Xerox était devenu l'exemple type de l'entreprise sachant réduire les coûts, améliorer la qualité et satisfaire les clients. Mais tout le discours du nouveau « Samouraï américain » a fait l'impasse sur deux questions. Premièrement, bien que le groupe ait stoppé l'érosion de sa part de marché, il n'a pas entièrement récupéré les parts perdues au profit de ses concurrents japonais : Canon demeure l'un des tout premiers fabricants mondiaux de photocopieurs. Deuxièmement, en dépit d'efforts de recherche novateurs dans les domaines de l'impression laser, des réseaux, des traitements basés sur les icônes, et des ordinateurs portables, il n'a pas créé d'activité nouvelle significative en dehors de son activité de base photocopieurs. Si le groupe Xerox peut sans doute être considéré comme l'inventeur du bureau tel que nous le connaissons aujourd'hui et tel qu'il se présentera vraisemblablement demain, il n'a en réalité que très peu profité de sa propre création.

En fait, Xerox est probablement la première entreprise de toute l'histoire à avoir perdu autant d'argent sous forme d'innovation sous-exploitée. Pourquoi ? Parce que pour créer de nouvelles activités, le groupe aurait dû revoir entièrement sa stratégie de base : c'est-à-dire la façon dont il définissait ses marchés, ses canaux de distribution, ses clients, ses concurrents, ses critères d'avancement des dirigeants, son système d'évaluation des performances, etc. Une entreprise perd du terrain sur les activités d'aujourd'hui lorsqu'elle diminue ses capacités plus rapidement qu'elle n'améliore son fonctionnement. Elle abandonne les activités de demain lorsqu'elle améliore son fonctionnement sans changer.

Si les dirigeants d'entreprise n'ont pas de réponses suffisamment détaillées aux questions sur l'avenir de leur secteur, leurs sociétés ne peuvent prétendre au rang de leader du marché.

Nous avons rencontré de nombreux dirigeants qui nous parlèrent de leur entreprise comme d'un « leader sur le marché ». (Avec un peu de créativité pour délimiter les frontières des marchés, pratiquement toutes les entreprises peuvent se proclamer « leader sur le marché »). Mais dominer sur un marché aujourd'hui n'est certainement pas équivalent à dominer sur ce marché demain. Essayons de répondre à deux séries de questions :

Aujourd'hui	**Dans le futur**
Quels sont vos clients aujourd'hui ?	Quel seront vos clients demain ?
Par quels canaux atteignez-vous vos clients aujourd'hui ?	Par quels canaux atteindrez-vous vos clients demain ?
Qui sont vos concurrents aujourd'hui ?	Qui seront vos concurrents demain ?
Quelle est la base de votre avantage concurrentiel aujourd'hui ?	Quelle sera la base de votre avantage concurrentiel demain ?
Où se font vos marges aujourd'hui ?	Où se feront vos marges demain ?
Quelles sont les compétences et les aptitudes qui vous rendent unique aujourd'hui ?	Quelles seront les compétences et les aptitudes qui vous rendront unique demain ?

Si les dirigeants n'apportent pas de réponses raisonnablement détaillées aux questions sur l'avenir, et si ces réponses ne sont pas très différentes de celles qu'ils donnent aux questions d'aujourd'hui, leurs entreprises n'ont guère de chance de se maintenir en tête du marché. Le marché qu'une entreprise domine aujourd'hui est susceptible de se modifier profondément dans les dix ans à venir. La notion de position dominante

« durable » n'existe pas. Tout au contraire, il est nécessaire de travailler et de retravailler cette position en permanence.

Créer le futur

La transformation des entreprises doit être guidée par une opinion sur l'avenir du secteur : comment souhaitons-nous voir évoluer ce secteur dans les cinq à dix ans à venir ? Que devons- nous faire pour veiller à ce qu'il se développe en notre faveur ? Sur quelles compétences et aptitudes devons-nous commencer à travailler maintenant si nous voulons occuper une position privilégiée dans le futur ? Comment devons-nous nous organiser en ce qui concerne les opportunités qui ne correspondent pas exactement à la définition de nos activités et divisions actuelles ? Dans la mesure où la plupart des entreprises ne partent pas avec une vision partagée, la première tâche des dirigeants consiste à mettre au point un processus permettant de rassembler les différentes sagesses collectives qui coexistent au sein de leurs organisations. Le souci du futur, le sens des opportunités à saisir et la compréhension des changements nécessaires à l'entreprise : ces préoccupations ne sont la propriété d'aucun groupe ; toute personne oeuvrant à quelque niveau que ce soit dans l'entreprise peut contribuer à la définition du futur.

Electronic Data Systems (EDS), groupe basé à Plano au Texas, nous fournit l'exemple d'une entreprise ayant développé un processus destiné à élaborer un point de vue du futur. En 1992, la position d'EDS semblait inattaquable. Avec un chiffre d'affaires de 8,2 milliards de US$, le groupe enregistrait sa trentième année consécutive de bénéfices records et se frottait les mains à la pensée des flux de demande toujours plus élevés pour des services informatiques externalisés. EDS espérait peser au moins 25 milliards de US$ de chiffre d'affaires en l'an 2000.

Mais certains hauts dirigeants, dont le président Lester Alberthal, commençaient à entrevoir quelques problèmes. Les marges subissaient une pression considérable de la part de nouveaux concurrents tels que Andersen Consulting. Les clients se mettaient à exiger des remises plus que substantielles sur leurs contrats de service à long terme. Aux États-Unis, il devenait de plus en plus difficile de trouver de nouveaux clients parmi les utilisateurs des technologies de l'information les plus en pointe. Enfin, les besoins du futur s'orientaient plutôt vers les ordinateurs portables que vers les unités centrales, qui faisaient la spécialité d'EDS. Cependant les nouveaux services de réseaux d'information les plus passionnants allaient s'intéresser avant tout aux utilisations familiales plutôt qu'aux utilisations professionnelles.

Les principaux dirigeants du groupe, membres d'un comité connu sous le nom de *Leadership Council* (Conseil de la position dominante), aboutirent à la conclusion qu'EDS n'était pas plus immunisé contre la « grande maladie des entreprises » que n'importe quel autre groupe performant. Les membres du Conseil décidèrent de s'investir personnellement dans la reconstruction de la position sectorielle dominante d'EDS pour les années 90 et au-delà.

Il se trouve que d'autres salariés d'EDS avaient déjà entamé une réflexion similaire. En 1990, un petit groupe de cadres, dont aucun n'était encore membre de la direction, avait créé une « Équipe pour le changement de l'entreprise » (*Corporate Change Team*). Les membres de l'équipe n'étaient pas mandatés officiellement par EDS, mais ils estimaient que l'entreprise devait repenser sa stratégie et ses hypothèses les plus fondamentales. Ils réalisèrent vite qu'il y faudrait des ressources intellectuelles et temporelles plus importantes que celles qu'une seule petite équipe pouvait rassembler.

Après avoir discuté de ses objectifs avec le *Leadership Council*, la *Corporate Change Team* élabora une approche totalement originale pour le renouveau de l'entreprise. De tous les secteurs de l'entreprise et de tous les points du globe, 150 responsables d'EDS – des détenteurs de ressources clés aussi bien que des cadres moins hauts placés dans la hiérarchie mais connus pour leur allant, leur intelligence et leur esprit peu conventionnel – se réunirent à Dallas par succession de groupes de 30 personnes afin de commencer à créer le futur. Chacune des cinq « vagues » de réflexion examina en profondeur les menaces économiques qui pesaient sur EDS ainsi que les opportunités ouvertes par la révolution digitale. Chaque vague avait une mission. La première étudia les discontinuités qu'EDS pourrait utiliser pour modifier les contours de son secteur d'activité. Les deuxième et troisième vagues essayèrent de développer un descriptif des compétences de l'entreprise qui fût largement indépendant des définitions des marchés sur lesquels EDS opérait déjà. Puis elles comparèrent ces compétences à celles des plus sérieux concurrents d'EDS. S'appuyant sur les travaux des vagues précédentes, la vague numéro quatre explora les opportunités qui se profilaient à l'horizon.

Et la vague numéro cinq étudia comment allouer plus de ressources au développement des compétences et des opportunités.

Le fruit des travaux de chaque vague fut soigneusement discuté par les autres vagues et le *Leadership Council*. Et, finalement, une équipe composée de membres de toutes les vagues rédigea un projet de stratégie d'entreprise, qui, à nouveau, fut débattu dans l'ensemble du groupe.

La nouvelle stratégie d'EDS tient en trois mots : « mondialiser », « informationnaliser », et « individualiser ». Elle se fonde sur la capacité de l'entreprise à utiliser la technologie de l'information : pour dépasser les frontières géographiques, culturelles et organisationnelles ; pour aider les clients à convertir des données en information, de l'information en savoir et du savoir en action ; et pour adapter au plus grand nombre et aider les individus à adapter au plus grand nombre les services et les produits informatiques.

Le processus de développement de cette stratégie du futur ne fut pas sans son cortège de frustrations, de surprises, de découvertes inattendues et d'occasions manquées. Plus de 2 000 personnes participèrent à la création de la nouvelle stratégie d'EDS, ce qui représenta presque 30 000 personnes-heures. (Plus du tiers du temps consacré à l'exercice fut pris en dehors des horaires normaux de travail).

EDS sortit de ce processus doté d'un aperçu de son secteur et de son rôle nettement plus large, plus créatif et plus maîtrisé que ce n'était le cas 12 mois plus tôt. Cet aperçu était partagé non seulement par quelques gourous techniques ou visionnaires du siège, mais également par tous les dirigeants d'EDS. Les personnes qui participèrent au processus pensèrent naturellement qu'il contribua autant au développement de la position dominante d'EDS qu'au développement de sa stratégie.

À la recherche de la prévision du futur

Pour créer le futur à la manière d'EDS, il faut de la prévision. Pourquoi parlons-nous de prévision (*foresight*) plutôt que de vision (*vision*) ? Vision comporte les notions de rêve ou d'apparition. Or la prévision en matière de d'activité économique future va plus loin qu'une simple illumination quasi aveuglante. La prévision se base sur la maîtrise profonde des tendances de la technologie, de la démographie, des réglementations et des styles de vie, toutes choses qu'il est possible d'exploiter afin de redéfinir les règles du secteur et de créer un nouvel espace concurrentiel. Si la compréhension des implications potentielles de ces tendances exige certes créativité et imagination, toute vision qui ne s'appuie pas sur des fondations solides risque de tomber dans l'univers du fantastique.

Pour cette raison, la prévision de l'avenir d'un secteur doit être la synthèse des visions d'un grand nombre de personnes différentes. Bien souvent, les journalistes ou des salariés un tant soit peu flagorneurs ont décrit la prévision comme étant la vision d'un seul individu. Si une large part du crédit décerné au concept visionnaire de NEC intitulé « ordinateurs et communication » a effectivement été attribuée à Akira Kobayashi, l'idée d'exploiter la convergence entre les deux domaines est la synthèse des réflexions d'un grand nombre de salariés du groupe. Les membres des comités de direction ne sont pas les seules personnes douées pour la prévision sectorielle. En fait, leur rôle premier consiste à capter et à exploiter l'ensemble de la prévision qui existe aux quatre coins de l'entreprise.

Étant donné que le changement est inévitable, les seules vraies questions qui se posent aux dirigeants sont les suivantes : ce changement se fera-t-il tardivement, dans une atmosphère de crise, ou bien au contraire avec prévision, dans un contexte de calme et de maîtrise des événements ? Le programme de transformation de l'entreprise nous sera-t-il imposé par les mouvements de concurrents plus avisés, ou bien sera-t-il le fruit de notre propre anticipation du futur ? Les changements seront-ils spasmodiques et brutaux, ou bien continus et paisibles ? Les révolutions de palais font de belles manchettes dans les journaux, mais l'objectif à atteindre est celui d'une transformation révolutionnaire par ses résultats et évolutive dans son exécution.

Le développement d'un point de vue sur l'avenir devrait être un projet permanent soutenu par un débat continu au sein de l'entreprise, et non un effort soudain, massif et circonscrit dans le temps. Malheureusement, les entreprises ne commencent à ressentir le besoin de rénover leurs stratégies et de réinventer leurs activités que lorsque les restructurations et le *reengineering* se montrent incapables de stopper le processus de déclin. Pour prendre de l'avance sur les transformations de leur secteur et pour avoir la possibilité de mener une révolution pacifique, les dirigeants doivent prendre conscience que le véritable objectif de leur entreprise consiste à saisir l'opportunité de participer à la course pour le futur.

Notes

1. Donald Hambrick, *Reinventing the CEO : 21st Century Report* (« Réinventer le directeur général : rapport pour le XXIe siècle ») (New York : Korn Ferry International and the Columbia University Graduate School of Business, 1989).

Première publication en juillet – août 1994
Traduit par Nathalie Meyer pour les Éditions d'Organisation
Réédition 94403

Cet article est une adaptation de Competing for the Future, *publié par Harvard Business School Press en septembre 1994.*

Planifier, c'est apprendre

Arie P. de Geus

Résumé des points essentiels

Les entreprises qui jouissent d'une grande longévité savent s'adapter à leur environnement économique. Elles se développent lorsque l'époque est favorable et assurent leur survie lorsque les temps sont mouvementés. Elles y parviennent grâce à des cadres supérieurs qui, autant individuellement que par équipe, apprennent vite et agissent avec efficacité.

La plupart des équipes de direction intègrent les nouvelles informations plus lentement que ne le fait chacun de leurs membres. Capter un nouveau message, l'assimiler, le confirmer et réagir – chaque étape prend du temps. Trop de temps lorsque la faculté d'apprendre plus vite que la concurrence est le seul véritable avantage concurrentiel. C'est pourquoi, chez Shell, le planning porte sur l'accélération du processus d'apprentissage, et non sur l'élaboration de plans.

Il est rare que les interminables conférences des planificateurs convainquent les cadres expérimentés qu'ils doivent changer leur manière de voir leurs marchés, leurs concurrents et leur activité. Modifier ou rompre les habitudes de l'entreprise est beaucoup plus efficace. De même que les simulations. Les scénarios, les modèles informatiques et la collaboration de consultants sont quelques-unes des méthodes que Shell utilise pour aider ses responsables d'exploitation à rester à l'écoute d'un monde soumis à de brusques changements.

Il y a quelques années, le groupe de planification de Shell[1] a entrepris d'étudier 30 entreprises vieilles de plus de 75 ans. Ce qui nous a le plus impressionné est leur capacité à vivre au rythme de l'environnement économique, à passer d'un mode de survie en période mouvementée à un mode de développement en période de lente mutation. Leur démarche a éveillé chez nous un écho familier, puisque l'histoire de Shell est elle aussi une alternance de phases d'expansion et de préservation.

Le début de notre histoire, par exemple, fut marqué par l'essor de l'Extrême-Orient. À l'époque, nous dominions le marché du kérosène en container et du combustible pour lampe à pétrole. Toutefois, la survie devint notre mot d'ordre lorsque la Standard Oil de Rockefeller nous ravit des parts de marché en baissant les prix. En réalité, c'est l'instinct de survie qui, en 1907, motiva le rapprochement de Royal Dutch Petroleum et de Shell Transport and Trading Company – deux entreprises jusque-là concurrentes en Extrême-Orient. Cette union ouvrit elle-même la voie à l'expansion de Shell aux États-Unis en 1911 avec un nouveau produit, l'essence de Sumatra – là aussi en réaction aux activités de la Standard Oil.

Les choses ne se terminent hélas pas toujours ainsi. Tout dépend de la capacité des cadres supérieurs d'une entreprise à intégrer l'évolution de leur environnement économique et à agir sur la base de cette information en prenant les mesures qui s'imposent. En d'autres termes, tout repose sur l'apprentissage. Ou, plus précisément, sur l'apprentissage institutionnel, à savoir le processus par lequel les équipes de direction changent leur vision commune de leur entreprise, de leurs marchés et de leurs concurrents. C'est pourquoi nous voyons le planning comme un apprentissage et le planning d'entreprise comme un apprentissage institutionnel.

L'apprentissage institutionnel est beaucoup plus complexe que l'apprentissage individuel. Dans la plupart des entreprises, le niveau de réflexion des dirigeants est exceptionnel. Et pourtant, le niveau de réflexion commune des équipes dirigeantes est considérablement inférieur à celui de chacun de leurs membres pris individuellement. Le niveau d'apprentissage institutionnel est souvent le plus petit dénominateur commun, surtout lorsque les équipes se considèrent comme des machines composées d'un assemblage de pièces spécialisées, où le directeur de la production s'occupe de la production, le directeur de la distribution de la distribution et le directeur du marketing du marketing.

La réussite d'une entreprise passe par un apprentissage institutionnel efficace et continu de haut niveau et par une mutation permanente. Chez Shell, nous nous sommes donc posés deux questions. Comment une entreprise apprend-elle et s'adapte-t-elle ? Et quel est le rôle du planning dans l'apprentissage de l'entreprise ?

À la première question, « comment une entreprise apprend-elle et s'adapte-t-elle ? », je réponds que beaucoup de sociétés ne font ni l'un ni l'autre ou du moins ne le font pas très vite. Pas moins d'un tiers de la liste des 500 plus grandes entreprises recensées en 1970 par le magazine *Fortune* avaient disparu en 1983. Et en 1986, dans son ouvrage intitulé *Corporate Strategy*, W. Stewart Howe écrivait que pour une entreprise qui surmonte ses difficultés, deux autres ne s'en remettent pas. Et pourtant, certaines entreprises parviennent manifestement à apprendre et à s'adapter. En fait, notre étude nous a permis d'identifier plusieurs sociétés encore dynamiques après 200, 300, voire 700 ans d'existence. Qu'est-ce qui fait la différence ? Pourquoi certaines entreprises parviennent-elles mieux à s'adapter que d'autres ?

Les sociologues et les psychologues nous disent que c'est la souffrance qui fait changer les personnes et les systèmes vivants. Certes, les entreprises ont leur lot de crises douloureuses, et la récente vague de rachats et de menaces de rachat en est l'illustration. Mais il est dangereux de gérer le changement par le biais de la gestion de crise – ou de la gestion de la souffrance.

Une fois en pleine crise, chaque membre de l'organisation ressent cette souffrance. Le besoin de changement est évident. Le problème est que l'on a alors généralement peu de temps et peu de possibilités. Plus la crise est profonde, moins il reste de possibilités d'action. La gestion de crise devient alors par nécessité une gestion autocratique. L'avantage d'une crise est que les décisions sont rapides. Le revers de la médaille est que la mise en œuvre est rarement efficace et que beaucoup d'entreprises ne survivent pas.

Par conséquent, l'enjeu est de cerner et de réagir aux mutations de l'environnement avant de ressentir la souffrance de la crise. C'est là qu'excellent les entreprises d'une grande longévité que nous avons recensées dans notre étude.

Toutes ces entreprises ont une étonnante faculté à institutionnaliser le changement. Elles ne restent jamais immobiles. En outre, elles semblent reconnaître qu'elles ont, en interne, des points forts qu'elles peuvent développer au moment où leur environnement change. Ainsi, Booker McConnell, compagnie sucrière fondée en 1906, se lança dans le transport maritime en s'appuyant sur son activité principale de négoce. British American Tobacco comprit que la commercialisation des cigarettes n'était pas très différente de celle des parfums. Et Mitsubishi, compagnie maritime et commerciale fondée en 1870, fit l'acquisition de mines de charbon pour assurer l'approvisionnement des soutes de ses navires, construisit des chantiers navals pour réparer ses navires, puis créa une banque à partir du système de change qu'elle avait mis en place pour financer les transporteurs.

De tels changements découlent de la connaissance qu'une entreprise a d'elle-même et de son environnement. Tous les dirigeants détiennent cette connaissance et l'améliorent au fil du temps, puisque toute personne vivante – et système vivant – est continuellement engagée dans un processus d'apprentissage. En réalité, le processus décisionnel normal des entreprises est un processus d'apprentissage, car en discutant, les individus modifient leur propre vision et se forgent une vision commune. Le problème est que ce processus est lent – trop lent dans un monde où la capacité à apprendre plus vite que la concurrence est peut-être le seul avantage concurrentiel durable.

Il y a cinq ans, nous avons eu un bel exemple du temps qu'il faut pour qu'un message soit entendu. Chez Shell, l'une des méthodes que nous employons pour stimuler l'apprentissage institutionnel est l'utilisation de scénarios. À l'époque, un ensemble de scénarios indiquait clairement à nos planificateurs que l'industrie pétrolière, traditionnellement fortement intégrée, ne l'était plus. Ce qui allait à l'encontre de tous nos modèles existants. Dans le cas d'une forte intégration, vous contrôlez plus ou moins tous les aspects de votre secteur et vous pouvez commencer à optimiser vos activités. Chez Shell, l'optimisation était le principal modèle de gestion. Ces scénarios nous disaient en somme que nous devions rechercher de nouvelles méthodes de gestion.

La première réaction de l'entreprise fut au mieux polie. Il y eut quelques questions, mais aucune discussion. Certains dirigeants émirent des critiques : ces scénarios étaient « de la théorie de base que tout le monde connaissait déjà » ; ils « correspondaient mal aux réalités quotidiennes de l'entreprise ». Le message avait été écouté, mais pas entendu.

Au bout de près de trois mois, les personnes commencèrent à poser beaucoup de questions et la discussion fut entamée. Les mois écoulés avaient permis au message de faire son chemin et à la direction de fonder sa vision sur de nouveaux ancrages. L'assimilation, première phase du processus d'apprentissage, avait eu lieu.

Au cours des neuf mois suivants, nous franchîmes les autres phases du processus d'apprentissage. Les cadres opérationnels de Shell intégrèrent cette nouvelle information dans leur modèle d'activité. Ils tirèrent des conclusions de ce nouveau modèle, pour ensuite le mettre à l'épreuve. Et enfin, ils agirent sur la base de ce nouveau modèle. L'écoute, l'assimilation, la confirmation et l'action : chaque étape prit du temps, le temps qui lui était nécessaire.

L'expérience m'a montré que ce délai était inévitable. Il se passe généralement 12 à 18 mois entre le moment où un signal est reçu et celui où il est suivi d'une action. Par conséquent, l'important n'est pas de savoir si une entreprise va apprendre, mais si elle va apprendre vite. La question cruciale est donc : « peut-on accélérer l'apprentissage institutionnel ? »

Je suis de plus en plus persuadé que la réponse est oui. Mais avant d'expliquer pourquoi, j'aimerais souligner un point important concernant l'apprentissage et le rôle du planificateur. Dans une entreprise, le seul apprentissage pertinent est celui des individus qui ont le pouvoir d'agir (chez Shell, il s'agit des équipes de gestion opérationnelle). Par conséquent, l'objectif véritable d'une planification efficace n'est pas de concevoir des projets, mais de changer le microcosme, de faire évoluer la mentalité de ces décideurs. C'est ce que, chez Shell et ailleurs, nous nous efforçons de faire.

Investis de ce rôle de facilitateur, de catalyseur et d'accélérateur du processus d'apprentissage d'une entreprise, les planificateurs sont confrontés à plusieurs écueils. L'un d'eux est que nous commençons parfois avec une vision qui peut ne pas être familière à notre auditoire. Un autre consiste à prendre trop de mesures à la fois. Le troisième, et le plus grave, est que nous communiquons trop souvent notre information de manière professorale. C'est un travers naturel auquel nous avons été conditionnés toute notre vie. Mais enseigner, comme le note John Holt, est en réalité l'un des moyens les moins efficaces de transmettre l'information. Dans le meilleur des cas, seulement 40 % de ce qui est enseigné est assimilé. Le plus souvent, cela ne dépasse pas 25 %.

Quel choc d'apprendre à quel point l'enseignement est inefficace. Et pourtant, notre propre expérience était là pour nous le confirmer. Après tout, nous avions bien passé près de 15 années de nos vies d'hommes à préparer une série de scénarios que nous transmettions ensuite en version condensée sur 2 heures 30. Comment croire que notre auditoire puisse comprendre tout ce dont nous parlions ?

Enseigner présente un autre inconvénient, en particulier dans un contexte professionnel. Les étudiants investissent les enseignants d'une autorité reposant sur la supériorité présumée de leur savoir. Lorsqu'un planificateur présente à une équipe de direction les résultats de nombreuses années d'étude de l'environnement économique, on lui accorde généralement le bénéfice du doute : on se dit qu'il connaît probablement mieux cet environnement que l'équipe de direction à laquelle il s'adresse. Mais lorsque ce même planificateur pénètre dans une salle de conseil d'administration et commence à donner un cours sur la stratégie de l'entreprise, son autorité s'évanouit. Et lorsque l'on ne vous accorde aucune autorité, impossible de continuer à enseigner.

Forts de cette connaissance de la planification et de son rôle, nous avons cherché les moyens d'accélérer l'apprentissage institutionnel. Curieusement, dans deux cas, nous avons découvert que modifier ou rompre les habitudes pouvait stimuler l'apprentissage. Dans une organisation, les règles sont extrêmement importantes. Personne ne les aime, mais tout le monde les respecte, car elles sont considérées comme le ciment de l'organisation. Et pourtant, nous avons tous entendu parlé de brillants dirigeants d'entreprise qui sortirent leur société de l'ornière en en réformant les règles, se fiant à leur intuition pour modifier l'organisation et sa manière de considérer les choses, et accélérant ainsi l'apprentissage.

Il y a plusieurs années, l'un de nos groupes de travail instaura, de but en blanc, une nouvelle règle dans l'organisation de l'entreprise en ces termes : « ton plan stratégique tu établiras dans la première moitié de l'année civile ». (Nous disposions déjà de ce que l'on appelle un cycle de planification des budgets d'investissement au second semestre de l'année civile.)

Le groupe de travail eut la sagesse de ne pas trop préciser ce qu'il avait à l'esprit. Certaines unités de production demandèrent ce que signifiait « planning stratégique ». Mais la réponse qu'ils obtinrent – à savoir que les idées sont plus importantes que les chiffres – était vague. D'autres sociétés commencèrent à tenir des réunions de planning stratégique au printemps.

La première année, les résultats furent minimes. Il fallut se contenter d'une version revue et corrigée des projets de l'année précédente. Mais la deuxième année, les plans furent plus novateurs, et d'année en année, la qualité de la réflexion autour du planning stratégique s'améliora. Nous nous sommes donc demandés si, en changeant les règles du jeu – puisque le système de planification est en fait l'une des règles du jeu de l'entreprise – nous n'avions pas accéléré l'apprentissage institutionnel. Et la réponse fut oui. Nous avions changé les règles et l'entreprise avait appliqué les nouvelles règles.

La même chose se produisit lorsque nous avons tenté de rompre les habitudes de l'entreprise. En 1984, l'un de nos scénarios envisageait un baril de pétrole à 15 dollars. (Rappelons que, cette année-là, le baril de pétrole valait 28 dollars et qu'un pétrole à 15 dollars signifiait la fin du monde pour les industriels du secteur.) Il nous parut important que, dès le début de l'année 1985, les hauts dirigeants de Shell commencent à songer à un monde où le baril de pétrole serait à 15 dollars. Mais la réaction à ce scénario fut le plus souvent : « si vous voulez que l'on réfléchisse à une telle éventualité, dites-nous d'abord quand le prix va s'effondrer, jusqu'où il va s'effondrer et combien de temps durera cette chute ».

Nous nous trouvions dans une impasse, d'où nous réussîmes à sortir en rédigeant une étude de cas précédée d'une préface qui était une véritable invitation au jeu. « Nous ne connaissons pas l'avenir », disait-elle, « mais vous non plus. Et bien qu'aucun d'entre nous ne sache si les prix vont s'effondrer, nous sommes d'accord sur le fait que si cela arrivait, ce serait grave. Nous avons donc rédigé une étude de cas illustrant l'une des nombreuses manières dont le prix du pétrole pourrait s'effondrer. » Nous décrivions ensuite une situation dans laquelle le prix chutait fin 1985, en concluant ainsi : « et maintenant, nous sommes en avril 1986 et le baril est à 16 dollars. Merci de donner votre opinion sur ces trois questions : que pensez-vous que le gouvernement va faire ? Que pensez-vous que la concurrence va faire ? Et vous, qu'allez-vous faire ? »

À ce stade, le prix était encore de 28 dollars, avec une tendance à la hausse. Cette étude de cas était donc pure spéculation. Mais l'ensemble de la société se mit sérieusement au travail, non pas pour se demander « que se passera-t-il ? », mais pour étudier la question « que faire si les prix s'effondrent ? » L'accélération du processus d'apprentissage institutionnel était en marche.

Début janvier 1986, le baril était encore à 27 dollars. Mais le 1er février, il n'était plus qu'à 17 dollars, puis à 10 dollars en avril. La réflexion que Shell avait déjà menée sur un monde où le baril valait 15 dollars lui fut très utile au cours de la panique du printemps 1986.

À partir de là, nous savions que nous tenions une piste : le jeu peut fortement accélérer l'apprentissage institutionnel. En y réfléchissant bien, ce n'est pas très étonnant. C'est bien par le jeu que nous apprenons certaines des tâches les plus difficiles et les plus complexes de notre vie, comme le vélo, le tennis et la musique. Mais comment faire accepter le jeu ?

Peu de dirigeants sont capables de dire : « je me moque que l'on fasse quelques erreurs. Allez-y, faites des essais », surtout en cas de crise imminente. Nous n'imaginions pas aller voir les cadres qui dirigent quelques-unes des plus grandes entreprises du monde et leur dire : « allons, faisons un petit jeu ». Et de toute façon, les réunions de conseil doivent respecter des ordres de jour et se terminer à une heure dite après avoir pris certaines décisions. Et pourtant, malgré toutes ces contraintes, nous avons trouvé les moyens d'apprendre en jouant.

L'une des caractéristiques du jeu, comme l'a montré le Tavistock Institute de Londres, est la présence d'un objet transitionnel. Pour le joueur, cet objet transitionnel est une représentation du monde réel. Un enfant qui joue avec une poupée apprend beaucoup et très vite du monde réel.

Les grands consultants acceptent d'être traités comme des objets transitionnels. Le processus commence lorsqu'un consultant s'adresse à une équipe de direction en ces termes : « l'expérience nous a appris que beaucoup de bonnes stratégies sont en grande partie implicites. Si vous nous permettez d'interroger les employés à différents niveaux de votre organisation, nous pourrons peut-être écrire votre stratégie noir sur blanc. Puis nous reviendrons vous voir pour vérifier si nous l'avons bien comprise. »

Quelques semaines plus tard, le même consultant revient voir l'équipe de direction et lui dit : « nous avons étudié votre stratégie et nous avons envisagé un certain nombre de possibilités. Voici ce qui va advenir selon nous. Êtes-vous d'accord ? » L'équipe de direction répondra très certainement non. Le consultant dira alors : « d'accord. Voyons ce que nous pouvons faire. Reprenons votre modèle initial et voyons ce qui nous a conduit à ce résultat. » Il passera probablement en revue un certain nombre d'itérations, et le modèle initial de l'équipe changera considérablement. Ces changements illustrent l'apprentissage qui prend place parmi les membres de l'équipe.

À l'instar des consultants, les modèles informatiques peuvent servir à visualiser et à revisualiser l'image que la direction se fait de son marché, de son environnement ou de la concurrence. Le point de départ doit toutefois être le modèle que s'est fait l'auditoire à un moment donné. Si un planificateur entre dans la salle du conseil avec, sur son ordinateur, un modèle qu'il a établi lui-même, il y a peu de chances que son auditoire reconnaisse ce micromonde. Si le groupe cible est une équipe de direction, le modèle de départ doit être la somme de leurs modèles individuels. Comment y parvenir ?

L'une des méthodes consiste à impliquer les membres de l'équipe dans le développement d'une nouvelle vision commune en s'assurant que leurs modèles individuels sont reconnus de manière tacite. Une autre consiste à faire surgir les modèles individuels lors d'entretiens, puis à les rendre explicites. Dans ces deux approches, les ordinateurs peuvent servir d'objets transitionnels dans lesquels stocker les modèles communs créés.

Pour la plupart des planificateurs, l'un des aspects les plus importants de ces micromondes – la probabilité qu'ils aient peu de rapport avec le monde réel – va à l'encontre de leur intuition. C'est comme si un modèle devait avoir des qualités prophétiques et devait par conséquent incarner le monde réel. Toutefois, pour la construction de micromondes, c'est totalement hors de propos. Ce qui nous intéresse, ce sont les modèles qui se trouvent dans la tête de chaque individu de l'auditoire. Il est presque certain que ces modèles n'incarnent pas le monde réel. Aucun d'entre nous ne possède un modèle fidèle au monde réel. En effet, un modèle est un moyen analytique de représenter la réalité, et aucune réalité complexe ne peut être représentée de manière analytique. En outre, dans l'apprentissage, ce n'est pas la réalité qui importe, mais l'image que l'équipe se fait de la réalité et qui évolue à mesure que la compréhension du monde de chacun de ses membres s'améliore.

Mais à quoi bon tout cela ? Pourquoi ne pas se fier au processus d'apprentissage naturel qui se déroule à chaque fois qu'une équipe de direction se réunit ? Chez Shell, nous avons trois raisons majeures de ne pas nous fier à ce processus. Premièrement, l'esprit humain a beau être complexe, la plupart des individus ne peuvent traiter que trois ou quatre variables simultanément et ne le font qu'à travers une ou deux itérations.

Observons, par exemple, les discussions actuelles sur le prix du pétrole. Neuf personnes sur dix partent d'un modèle d'élasticité des prix du marché : le prix a baissé, la demande va donc augmenter et l'offre va finir par être insuffisante. Par conséquent, conclut-on, le prix du pétrole va remonter un jour ou l'autre. Pourtant, nous savons tous que ce qui augmente finit un jour par baisser. Mais en réfléchissant à ce modèle complexe, nous n'envisageons que trop peu d'itérations et nous nous arrêtons au moment où les prix remontent. Si nous numérisons le modèle de l'individu qui arrête de réfléchir au moment où il constate que le prix monte, nous verrons très certainement le prix baisser après avoir augmenté. Pourtant, cette connaissance irait à l'encontre de l'intuition de la ou des personnes qui ont construit le modèle.

La deuxième raison qui nous oblige à informatiser les modèles est qu'en travaillant avec des modèles dynamiques, les individus découvrent que dans les systèmes complexes (tels que les marchés ou les entreprises), les causes et les effets sont distincts en temps et en lieu. Pour beaucoup d'individus, cela va également à l'encontre de l'intuition. La plupart d'entre nous, surtout ceux qui sont impliqués dans un processus prévisionnel, nous concentrons sur l'effet que nous voulons produire avant de rechercher la cause immédiate susceptible de produire cet effet. L'emploi de modèles dynamiques nous aide à découvrir d'autres déclencheurs distincts en temps et en lieu de l'effet désiré.

Et enfin, en utilisant des modèles informatiques, nous apprenons ce qui constitue une information pertinente. Car ce n'est qu'au moment où nous commençons à jouer avec ces micromondes que nous découvrons quelle information nous avons véritablement besoin de connaître.

En jouant ainsi avec des modèles, les individus créent entre eux un nouveau langage qui exprime la connaissance qu'ils ont acquise. C'est là qu'intervient l'aspect le plus important de l'apprentissage institutionnel, qu'il se fasse par l'enseignement ou par le jeu tel que nous l'avons défini : le processus d'apprentissage institutionnel est un processus de développement du langage. Lorsque la connaissance implicite de chaque apprenant devient explicite, son modèle mental devient une composante du modèle institutionnel. L'ampleur et la vitesse de changement de ce modèle dépendront de la culture et de la structure de l'organisation. Les équipes qui doivent faire face à des procédures et à des systèmes d'informations rigides apprendront plus lentement que celles qui ont des canaux de communication ouverts et souples. Les institutions autocratiques, quant à elles, apprennent plus vite ou n'apprennent pas du tout – la capacité d'un ou de quelques dirigeants étant un pari institutionnel risqué.

Les êtres humains ne sont pas les seuls à être dotés d'une faculté d'apprendre directement liée à leur capacité à transmettre l'information. Les oiseaux dans leur ensemble possèdent un fort potentiel d'apprentissage, mais il existe d'importantes différences d'une espèce à l'autre. La mésange, par exemple, se déplace en nuées et s'accouple librement, tandis que le rouge-gorge vit dans des espaces parfaitement délimités et défend férocement son territoire. Au Royaume-Uni, toutes les mésanges ont rapidement appris comment percer les bouchons des bouteilles de lait déposées sur le seuil des maisons. En revanche, le rouge-gorge, en tant que population, n'y parviendra jamais (même si certains réussissent), car sa faculté d'apprentissage institutionnel est limitée. La connaissance ne se transmet pas d'un spécimen à l'autre. Le même phénomène se produit dans les équipes de direction qui travaillent sous la contrainte. Pour un apprentissage optimal, il faut que les équipes acceptent que le tout soit plus que la somme de ses parties, et qu'il y ait un plus qui transcende l'individu.

Que dire des dirigeants qui se trouvent dans une culture de rouge-gorge ? Leurs chances d'accélérer l'apprentissage institutionnel sont réduites. Ils peuvent néanmoins faire un gros effort pour renforcer la communication, et donc le processus d'apprentissage, en gardant une chose à l'esprit : l'apprentissage institutionnel commence avec le calibrage des modèles existants.

Nous continuons à explorer d'autres moyens d'améliorer et d'accélérer le processus d'apprentissage institutionnel. Pour l'instant, notre exploration de l'apprentissage par le jeu via un objet transitionnel (un consultant ou un ordinateur) semble assez prometteuse pour poursuivre dans cette direction. Et si nous naviguons dans des eaux mal connues, nous ne sommes pas les seuls à nous y aventurer[2].

Notre exploration dans ce domaine n'est pas un luxe. Nous savons que le seul avantage concurrentiel que l'entreprise de demain possédera sera la capacité de ses dirigeants à apprendre plus vite que leurs concurrents. Les entreprises qui réussiront seront donc celles qui inciteront leurs dirigeants à revoir continuellement leur vision du monde. Les défis du planificateur sont considérables… de même que les récompenses.

Notes

1. J'emploie le collectif « Shell » lorsque je me réfère aux sociétés du Royal Dutch/Shell Group en général, ou lorsque l'identification d'une ou plusieurs sociétés de Shell n'apporte aucune information supplémentaire.

2. Un groupe de cadres supérieurs étudie cette question et bien d'autres au MIT dans le cadre du *Program in Systems Thinking* et du *New Management Style*.

Première publication en mars – avril 1988

Traduit par Florence Paban pour les Éditions d'Organisation

Réédition 88202

Ne vous trompez pas de jeu :
Utilisez la théorie des jeux pour modeler votre stratégie

Adam M. Brandenburger et
Barry J. Nalebuff

Résumé des points essentiels

Toute activité économique est un jeu à haut risque. La façon dont nous abordons ce jeu se reflète dans le langage que nous utilisons pour le décrire. Le langage des affaires abonde en expressions empruntées aux domaines militaires ou sportifs. Cependant, contrairement à la guerre et au sport, les affaires n'ont rien à voir avec l'idée de gagner ou de perdre. Les entreprises peuvent réussir sans qu'il soit nécessaire que d'autres perdent. Et si elles se trompent de jeu, elles peuvent échouer quelle que soit la qualité de leur jeu.

L'essence de la réussite en affaires réside dans la recherche de l'assurance qu'on est en train de jouer dans le bon jeu. Comment savoir qu'il s'agit du bon jeu ? Que faire si c'est le mauvais jeu ? Afin d'aider les dirigeants d'entreprise à répondre à ces questions, les auteurs ont développé un cadre de réflexion qui s'appuie sur les résultats établis par la théorie des jeux.

Le premier enseignement de la théorie des jeux montre toute l'importance qu'il y a à se concentrer sur les autres – en se mettant à la place des autres joueurs et en essayant de simuler toutes les réactions consécutives à leurs actions aussi loin que possible. En adoptant cette perspective, une entreprise découvrira peut-être que ses chances de succès seront bien meilleures si elle crée une situation gagnant-gagnant plutôt qu'une situation gagnant-perdant avec les autres joueurs. En d'autres termes, pour changer le jeu, les entreprises devraient envisager des méthodes de coopération aussi bien que de concurrence.

Qui sont les participants au jeu des affaires ? Les auteurs ont élaboré une carte schématique visant à représenter tous les joueurs en présence ainsi que les interdépendances qui les lient. Dans l'objectif de changer le jeu, la première étape consiste donc à dresser cette carte pour votre entreprise. La deuxième étape consiste à identifier les cinq éléments du jeu – les joueurs, les valeurs ajoutées, les règles, la tactique et la portée du jeu – et à changer l'un ou plusieurs de ces éléments. Selon les auteurs, l'utilisation de ces outils permettra aux entreprises d'élaborer un jeu qui leur sera favorable.

Toute activité économique est un jeu à haut risque. La façon dont nous abordons ce jeu se reflète dans le langage que nous utilisons pour le décrire. Le langage des affaires abonde en expressions empruntées aux domaines militaires ou sportifs. Certaines d'entre elles sont dangereusement trompeuses. Contrairement à la guerre et au sport, les affaires n'ont rien à voir avec l'idée de gagner ou de perdre. Ni avec le fait de jouer le jeu plus ou moins bien. Les entreprises peuvent connaître des succès spectaculaires sans qu'il soit nécessaire que d'autres perdent. Et elles peuvent échouer lamentablement quelle que soit la qualité de leur jeu si elles commettent l'erreur de se tromper de jeu.

L'essence de la réussite en affaires réside dans la recherche de l'assurance qu'on est en train de jouer dans le bon jeu. Comment savoir qu'il s'agit du bon jeu ? Que faire si c'est le mauvais jeu ? Afin d'aider les dirigeants d'entreprise à répondre à ces questions, nous avons développé un cadre de réflexion qui s'appuie sur les résultats établis par la théorie des jeux. Pure construction mathématique depuis cinquante ans, la théorie des jeux est en passe de transformer le jeu des affaires.

La théorie des jeux devint majeure en 1994, année où trois pionniers du sujet se virent attribuer le Prix Nobel. Tout commença en 1944 avec la publication du livre du mathématicien génial John Von Neumann et de l'économiste Oskar Morgenstern *Theory of Games and Economic Behavior* (« Théorie des jeux et comportement économique »). Immédiatement considérée comme l'une des contributions scientifiques majeures de ce siècle, leur étude fournissait une approche systématique permettant de comprendre le comportement de joueurs placés dans des situations de fortunes interdépendantes. Von Neumann et Morgenstern distinguaient deux types de jeux. Dans le premier type, celui des jeux « avec règle », les joueurs interagissent selon des « règles d'engagement » précises. Ces règles peuvent provenir de contrats, de conventions de prêts ou d'accords commerciaux par exemple. Dans le second type, celui des jeux « libres », les joueurs interagissent sans aucune contrainte externe. Par exemple, acheteurs et vendeurs peuvent créer de la valeur en réalisant des transactions hors des structures habituelles. Les opérations des entreprises forment un mélange complexe des deux types de jeux.

Pour les jeux « avec règle », la théorie des jeux pose le principe que « toute action entraîne une réaction ». Mais contrairement à la troisième loi du mouvement de Newton, la réaction n'est pas censée être égale et opposée. Pour analyser comment les autres joueurs vont réagir à votre mouvement, vous devez simuler aussi loin que possible toutes les réactions (y compris les vôtres) à leurs actions. Vous devez vous projeter très en avant dans le déroulement du jeu, puis raisonner à rebours afin de discerner parmi les actions d'aujourd'hui celle qui vous conduira au point que vous souhaitez atteindre[1].

Pour les jeux « libres », la théorie des jeux pose le principe que « vous ne pouvez retirer du jeu plus que vous n'y apportez ». Dans le monde des affaires, qu'est-ce que tel joueur particulier apporte au jeu ? Pour trouver la réponse, évaluez la création de valeur obtenue lorsque tous les joueurs participent au jeu, puis retirez le joueur en question et voyez combien les joueurs restants sont susceptibles de créer de valeur. La différence est la « valeur ajoutée » du joueur écarté. Dans les interactions non structurées, vous ne pouvez prendre plus que votre valeur ajoutée.

La réussite de votre stratégie d'entreprise dépend de votre capacité à fixer les règles du jeu plutôt qu'à simplement jouer le jeu.

Ces deux principes reposent sur un déplacement de perspective. La plupart des gens ont une vision égocentrique des jeux – c'est-à-dire qu'ils ne s'intéressent qu'à leur position personnelle. Le premier enseignement de la théorie des jeux montre toute l'importance qu'il y a à se concentrer sur les autres – attitude dite « allocentrique ». Pour vous projeter en avant et raisonner à rebours, vous devez réfléchir comme si vous étiez à la place des autres joueurs. Pour évaluer votre valeur ajoutée, vous devez vous demander non ce que les autres joueurs peuvent vous apporter, mais ce que vous pouvez leur apporter vous.

Les dirigeants d'entreprise auront tout intérêt à utiliser ces éléments de la théorie des jeux, car ils leur permettront de développer un jeu parfaitement adapté à leurs entreprises. Le fait de changer de jeu peut avoir des retombées positives très largement supérieures à celles qui résulteraient du *statu quo*. À titre d'exemples, citons Nintendo, dont la réussite spectaculaire s'appuya sur la prise de contrôle des logiciels, ce qui constituait un changement de jeu dans le secteur des jeux vidéos. Puis, à sa suite, citons les succès de Sega, qui passèrent eux-aussi par un nouveau changement de jeu du secteur. De son côté, le *New York Post* de Rupert Murdoch modifia complètement le jeu des journaux à sensation en montrant de façon convaincante ce que coûtait une guerre des prix, sans avoir à en lancer une effectivement. BellSouth gagna beaucoup d'argent en altérant le jeu de prise de contrôle entre Craig McCaw et Lin Broadcasting. Les stratégies d'entreprise heureuses sont celles dans lesquelles vous définissez vous-même les contours du jeu dans lequel vous jouez et non celles qui consiste simplement à jouer dans le jeu que vous trouvez. Nous allons étudier avec attention comment ces exemples, et d'autres, fonctionnent en pratique, en commençant par la présentation de la façon dont General Motors changea le jeu de la vente de voitures.

Des situations « perdant-perdant » aux situations « gagnant-gagnant »

Au début des années 90, le secteur automobile américain était prisonnier d'un système de concurrence destructive bien connu. Les rabais de fin d'année et les remises des concessionnaires étaient en train de détruire la rentabilité du secteur. Dès qu'une compagnie utilisait un système d'incitations pour se débarrasser des stocks de fin d'année excédentaires, toutes les autres devaient suivre. Pour aggraver les choses, les clients en vinrent à compter sur les baisses de prix. En conséquence ils se mirent à n'effectuer leurs achats automobiles que lorsque les constructeurs leur proposaient effectivement des rabais, poussant ceux-ci à les leur proposer de plus en plus tôt dans l'année. Était-il possible de sortir de ce cycle infernal ? Existait-il une alternative à ces pratiques qui pénalisaient l'ensemble du secteur ? C'est précisément ce que General Motors a su démontrer.

En septembre 1992, General Motors et Household Bank lancèrent sur le marché une nouvelle carte de crédit qui permettait à ses détenteurs de consacrer 5 % de leurs dépenses à l'achat ou au *leasing* d'une nouvelle voiture GM, dans les limites de 500 US$ par an avec un maximum de 3 500 US$. La carte de General Motors fut la plus grande réussite de toute l'histoire des cartes de crédit. Un mois après son lancement, 1 200 000 comptes avaient été ouverts. Deux ans plus tard, 8 700 000 comptes étaient ouverts – et ce chiffre ne fait que croître. D'après les projections réalisées sur le sujet, on estime que 30 % des ventes hors flottes de GM en Amérique du Nord se feront auprès de détenteurs de cartes.

Ainsi que l'explique Hank Weed, directeur général du programme carte de crédit de GM, la carte aide General Motors à se construire des parts de marché par le biais de la « conquête » de potentiels acheteurs de Ford et d'autres marques – ce qui constitue une stratégie de type gagnant-perdant assez classique. Mais le programme a déclenché un autre changement, plus subtil, dans le jeu de la vente de voitures. Il a remplacé les incitations que GM offrait précédemment, avec pour effet net d'augmenter le prix que les non détenteurs de carte – personnes ayant l'intention d'acheter une Ford par exemple – devraient payer pour l'achat d'une GM. Le programme donne donc à Ford une marge de manœuvre pour augmenter ses prix, ce qui permet alors à GM d'augmenter les siens sans laisser partir des clients chez Ford. Il en résulte l'apparition d'une dynamique de type « gagnant-gagnant » entre GM et Ford.

Si la carte de crédit de General Motors est aussi parfaite qu'elle en a l'air, qu'est-ce qui retient les autres constructeurs automobiles de la copier ? Peu de choses, semble-t-il. Tout d'abord, Ford a lancé sa propre version du programme avec Citibank. Puis Volkswagen a lancé la sienne avec MBNA Corporation. Toutes ces imitations ne seraient-elles pas autant de pierres dans le jardin de GM ? Pas nécessairement.

L'on a coutume de dire que l'imitation est la forme de flatterie la plus sincère, mais dans les affaires on considère souvent que c'est un compliment empoisonné. Les manuels de stratégie vous préviennent que si ce que vous faites peut être imité par d'autres, vous ne gagnerez jamais d'argent. Certains vont même jusqu'à décréter que la stratégie d'entreprise ne peut pas être codifiée. Si c'était le cas, elle serait imitée et il n'y aurait plus moyen de réaliser le moindre bénéfice.

Cependant, les auteurs de ces préceptes se trompent en faisant l'hypothèse que l'imitation est toujours nuisible. Il est vrai que lorsque le programme de GM aura été largement copié, la faculté du groupe à attirer les clients potentiels des autres constructeurs sera amoindrie. Mais l'imitation peut également jouer en faveur de General Motors. Ford et Volkswagen ont couvert le coût des avantages liés à leurs cartes de crédit par la suppression d'autres programmes d'incitation, avec pour conséquence d'augmenter substantiellement leurs prix pour les clients de GM qui, pour la plupart, ne sont pas détenteurs des cartes Ford et Volkswagen. Ceci donne à GM la possibilité de raffermir sa demande ou de relever encore ses prix. Les trois constructeurs bénéficient maintenant d'une base de clients plus fidèles, ce qui rend la concurrence sur les prix moins nécessaire.

Pour bien comprendre tout l'impact de la carte de crédit de General Motors, vous devez faire appel à la théorie des jeux, car vous ne pouvez appréhender toutes les ramifications du programme sans adopter une perspective allocentrique. La clef du succès consiste à anticiper comment Ford, Volkswagen, et d'autres constructeurs automobiles vont réagir à l'initiative de GM.

Lorsque vous changez le jeu, vous voulez finir gagnant, c'est clair. Mais que dire du fait que la stratégie de GM a aidé Ford ? Selon un point de vue fort répandu qui assimile le monde des affaires à une guerre, les autres doivent perdre afin que vous puissiez gagner. Il est vrai que dans certaines circonstances, vous souhaiterez opter pour une stratégie gagnant-perdant. Mais cela n'est pas toujours le cas. L'exemple de General Motors montre qu'il existe également des circonstances dans lesquelles vous préférerez créer une situation gagnant-gagnant. Aussi surprenant que cela paraisse, il arrive que la meilleure façon de réussir consiste à laisser les autres, vos concurrents compris, réussir également.

La poursuite d'une stratégie gagnant-gagnant comporte de multiples avantages. Premièrement, cette approche laisse plus de place à la découverte de nouvelles opportunités car elle est relativement peu exploitée. Deuxièmement, elle sera sans doute plus facile à mettre en œuvre, car les autres joueurs n'étant pas forcés d'abandonner le terrain, ils offriront vraisemblablement moins de résistance à des mouvements de type gagnant-gagnant qu'à d'autres. Troisièmement, le nouveau jeu qui en résulte sera plus durable car les autres joueurs ne sont pas contraints d'adopter des mesures de rétorsion. Et, dernier avantage, le fait d'imiter un jeu gagnant-gagnant est un facteur favorable et non pas nuisible.

Afin d'encourager la réflexion sur les différentes manières de changer le jeu des affaires selon un mode à la fois coopératif et concurrentiel, nous proposons d'employer le terme *coopétition*[2]. Il signifie que l'on recherche autant les opportunités de type gagnant-gagnant que de type gagnant-perdant. Il est important de garder les deux possibilités à l'esprit, car les stratégies de la deuxième catégorie se retournent souvent contre vous. Voyez par exemple la stratégie classique – et dangereuse – qui consiste à baisser les prix pour gagner des parts de marché. Elle apportera peut-être des bénéfices temporaires, mais ils risquent de s'évaporer si les autres joueurs procèdent de même afin de regagner les parts qu'ils ont perdues. Au final, le *statu quo* d'origine se reproduit, mais à un niveau de prix plus faible – parfait exemple d'un scénario perdant-perdant qui appauvrit tous les joueurs. C'était la situation que connaissait l'industrie automobile avant que General Motors ne changeât le jeu.

Le jeu des affaires

Notre constructeur a-t-il eu l'intention délibérée de changer le jeu de la vente de voitures selon la nouvelle manière que nous avons décrite ? Ou bien a-t-il simplement eu la chance de voir un programme marketing de fidélisation des clients se révéler encore plus positif que prévu ? Avec le recul, il est une chose que l'on peut dire avec certitude : les enjeux contenus dans les situations telles que celle de GM sont trop élevés pour être laissés au hasard. C'est pourquoi nous avons développé une carte d'analyse et une méthode qui aideront les dirigeants d'entreprise à trouver des stratégies destinées à changer le jeu.

Le jeu dans lequel les entreprises se meuvent est entièrement affaire de valeur : valeur que l'on crée et valeur que l'on capte. Quels en sont les acteurs ? Afin d'en faire la description, nous avons élaboré le « Réseau de Valeur » des entreprises : il s'agit d'une carte schématique visant à représenter tous les joueurs en présence ainsi que les interdépendances qui les lient (voir le schéma « Qui sont les joueurs du "Réseau de Valeur" de votre entreprise ? », page suivante).

On observe des interactions selon deux dimensions. La dimension verticale regroupe les clients et les fournisseurs de l'entreprise. Les ressources telles que la main-d'œuvre ou les matières premières vont des fournisseurs à l'entreprise tandis que les produits et services vont de l'entreprise à ses clients. L'argent se déplace en sens inverse, des clients à l'entreprise et de l'entreprise à ses fournisseurs. La dimension horizontale regroupe les acteurs avec lesquels l'entreprise interagit mais n'effectue pas de transactions, à savoir ses *substituteurs* et ses *complémenteurs*.

Les substituteurs sont des joueurs alternatifs auprès desquels les clients peuvent acheter des produits ou auxquels les fournisseurs peuvent vendre leurs ressources. En terme de clients, les groupes Coca-Cola et Pepsico sont des substituteurs car ils vendent des colas rivaux. Moins évident peut-être, Coca-Cola et Tyson Foods sont des groupes substituteurs en terme de fournisseurs car ils utilisent tous les deux le dioxyde de carbone, Tyson pour congeler des poulets et Coca-Cola pour gazéifier sa boisson (car les fabricants de colas savent bien que, « si ça ne pétille pas dans la bouteille, ça ne pétillera pas dans le tiroir-caisse »).

Qui sont les joueurs du « Réseau Valeur » de votre entreprise ?

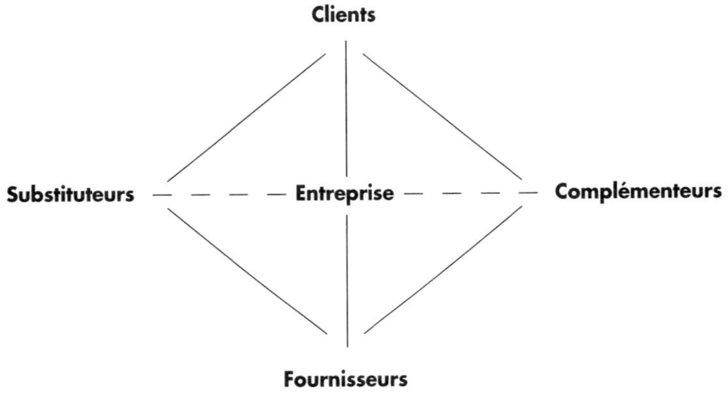

Les complémenteurs sont des joueurs auprès desquels les clients achètent des produits complémentaires ou auxquels les fournisseurs vendent des ressources complémentaires. Les fabricants de matériel informatique et les entreprises de logiciels sont des complémenteurs classiques. L'apparition d'un matériel plus performant, la puce Pentium par exemple, incite fortement les utilisateurs à investir dans des logiciels plus puissants. La mise sur le marché de logiciels plus puissants tels que la dernière version de Microsoft Office pousse souvent les utilisateurs à souhaiter investir dans des équipements plus rapides. Les compagnies American Airlines et United Air Lines, qui sont des substituteurs en terme de passagers, sont des complémenteurs lorsqu'elles décident de moderniser leurs flottes. En effet, Boeing ne parvient à couvrir le coût d'un nouveau modèle d'avion que si un nombre suffisant de compagnies aériennes le lui achètent. Étant donné que chaque compagnie subventionne les achats de l'autre, elles sont complémenteurs sur ce point.

Nous utilisons les termes *substituteur* et *complémenteur* car nous trouvons que le vocabulaire économique traditionnel empêche de comprendre pleinement les interdépendances qui se jouent dans le monde des affaires. Si pour vous un joueur est un concurrent, vous avez tendance à livrer bataille plutôt qu'à rechercher des opportunités de coopération. Le terme *substituteur* décrit les relations de marché en évitant cet écueil. Les *complémenteurs*, fréquemment ignorés par l'analyse stratégique traditionnelle, sont la contrepartie naturelle des substituteurs.

Le « Réseau de Valeur » décrit les différents rôles des joueurs. Il est possible qu'un même joueur joue simultanément plusieurs rôles : nous l'avons vu, les compagnies American Airlines et United Air Lines sont à la fois substituteurs et complémenteurs. C'est ce que montrent Gary Hamel et C.K. Prahalad dans *Competing for the Future* (*Harvard Business School Press*, 1994) : « à tout moment ATT pourra trouver en Motorola un fournisseur, un client, un concurrent et un partenaire ».

Le « Réseau de Valeur » révèle deux symétries fondamentales du jeu des affaires : la première entre les clients et les fournisseurs, et la seconde entre les substituteurs et les complémenteurs. La compréhension de ces symétries sera utile aux dirigeants pour élaborer de nouvelles stratégies destinées à changer le jeu ou pour imaginer de nouvelles applications des stratégies existantes.

Les dirigeants comprennent intuitivement que la dimension verticale du « Réseau de Valeur » représente un mélange de coopération et de concurrence. Il y a coopération lorsque les fournisseurs, les entreprises et les clients s'associent pour créer au départ de la valeur. Il y a concurrence lorsque vient le moment de partager le gâteau entre tous.

Le long de la dimension horizontale, les dirigeants ont en revanche tendance à ne voir que la moitié du film. Les substituteurs sont considérés uniquement comme des ennemis. Les complémenteurs ne sont vus que comme des amis, et encore faudrait-il les voir. Cette perception masque une autre symétrie. Or le cas de General Motors nous montre qu'il est possible de dégager un élément de coopération dans les interactions avec les substituteurs, et nous allons voir qu'il peut exister un élément de concurrence dans les interactions avec les complémenteurs.

Changer le jeu

Le « Réseau de Valeur » est une carte d'analyse qui conduit à explorer toutes les interdépendances du jeu des affaires. Dans l'objectif de changer le jeu, la première étape consiste donc à dessiner le « Réseau de Valeur » de votre entreprise. La deuxième étape est celle de l'identification de tous les éléments du jeu (en anglais : *Players, Added values, Rules, Tactics* et *Scope*, ou PARTS pour abréger). D'après la théorie des jeux, ils sont au nombre de cinq : les joueurs, les valeurs ajoutées, les règles, la tactique et la portée du jeu. Ces cinq éléments décrivent entièrement toutes les interactions, que le jeu soit « libre » ou « avec règle ». Pour changer le jeu, vous devez changer l'un ou plusieurs des éléments du PARTS.

Les joueurs viennent en premier. Ainsi que nous l'avons vu dans le « Réseau de Valeur », les joueurs sont des clients, des fournisseurs, des substituteurs et des complémenteurs. Aucun des joueurs n'est fixe. Il est parfois avisé de changer de joueurs, vous y compris.

Les valeurs ajoutées représentent ce que chaque joueur apporte au jeu. Il existe des moyens de vous transformer en un joueur de plus grande valeur, c'est-à-dire d'augmenter votre valeur ajoutée. Tout comme il existe des moyens de diminuer les valeurs ajoutées des autres joueurs.

Les règles structurent le jeu. Dans les affaires, il n'existe pas de règle universelle. Les règles peuvent provenir d'une loi, d'une habitude, du souhait d'aller au plus pratique, ou bien de contrats. En plus de l'utilisation à leur avantage des règles existantes, les joueurs auront peut-être la possibilité de les réviser ou d'en proposer d'autres.

La tactique est un ensemble de mouvements destinés à influencer la façon dont les joueurs perçoivent le jeu et donc leur façon de jouer.

La portée décrit les frontières du jeu. Les joueurs ont la possibilité de ramener ou de repousser ces frontières.

Les stratégies d'entreprise performantes commencent par l'évaluation puis par le changement de l'un ou plusieurs de ces éléments. Le PARTS va plus loin que la simple exhortation à réfléchir hors cadre. Il fournit les outils qui vous permettront de le faire. Examinons tour à tour chacun des leviers stratégiques.

Changer les joueurs

NutraSweet, édulcorant à basses calories utilisé dans des boissons non alcoolisées telles que Diet Coke et Diet Pepsi, est un nom très connu, et son logo circulaire est reconnu dans le monde entier. En fait, c'est le nom de marque que Monsanto à donné à l'aspartame. Avec des marges brutes de 70 %, NutraSweet s'est révélé très rentable pour Monsanto. De tels profits incitent généralement d'autres acteurs à entrer sur le marché, mais NutraSweet était protégé par des licences valables jusqu'en 1987 en Europe et jusqu'en 1992 aux États-Unis.

Avec la bénédiction de Coca-Cola, un groupe concurrent, la Holland Sweetener Company (ou HSC) construisit en 1985 une usine d'aspartame en Europe en prévision de l'expiration de la licence. Commentaire de Ken Dooley, directeur du marketing et des ventes de la HSC : « les industriels aiment avoir au moins deux sources d'approvisionnement ».

Lorsque la HSC s'est attaquée au marché européen, Monsanto riposta avec force, usant de réductions de prix drastiques et de relations contractuelles avec les clients pour empêcher la HSC de pénétrer sur ce marché. La HSC parvint à faire face à cette contre-attaque initiale en passant par les tribunaux pour obtenir l'accès aux clients. Pour Ken Dooley, ce n'était là qu'un premier aperçu des événements à venir : « nous sommes impatients de poursuivre la guerre aux États-Unis ».

Mais la guerre de Ken Dooley s'acheva avant même d'avoir commencé. Peu de temps avant l'expiration de la licence américaine, Coca-Cola et Pepsi signèrent tous deux de nouveaux contrats à long terme avec Monsanto. Alors qu'enfin se présentait un véritable potentiel de concurrence entre fournisseurs, il sembla que ni Coca-Cola ni Pepsi ne profitèrent de l'occasion. Mais de quelle occasion au juste ?

En fait, ni Coca ni Pepsi ne souhaitaient vraiment passer à l'aspartame générique. Gardant à l'esprit les résultats de la reformulation du Nouveau Coca-Cola en 1985, aucune des deux entreprises ne voulait être la première à retirer le logo NutraSweet de sa bouteille, donnant ainsi l'impression qu'elle était en train de manipuler le goût de ses boissons. Si une seule avait changé de fournisseur, la seconde aurait sans nul doute marqué des points en terme de ventes du fait de son utilisation exclusive de NutraSweet. Après tout, NutraSweet jouit d'une excellente réputation quant à son innocuité et à son goût. Même si l'aspartame générique avait le même goût, les consommateurs ne seraient pas familiers de ce produit sans marque et auraient tendance à le déprécier. Une autre raison de s'en tenir à NutraSweet venait de ce que Monsanto avait passé les dix années précédentes à descendre le long de la courbe d'apprentissage de la fabrication de l'aspartame – ce qui lui procurait un avantage de coût significatif – tandis que la HSC se situait encore au sommet de cette courbe.

Ni Coca ni Pepsi ne voulaient être la première à retirer le logo NutraSweet de sa bouteille, donnant ainsi l'impression qu'elle manipulait le goût de ses boissons.

Finalement, Coca et Pepsi voulaient surtout garder leur bon vieux NutraSweet, mais à un prix bien meilleur. Et c'est précisément ce à quoi ils aboutirent. Examinons la position de Monsanto avant et après l'entrée de la HSC dans la partie. Avant, il n'existait aucun bon substitut à NutraSweet. Les cyclamates avaient été écartés et la saccharine provoquait des cancers chez les rats de laboratoire. La valeur ajoutée de NutraSweet résidait dans sa capacité à rendre possible la fabrication d'une boisson à basses calories savoureuse et sans danger pour la santé. NutraSweet étant de surcroît protégé par une licence, les choses se présentaient très positivement pour Monsanto. Lorsque la HSC arriva, la valeur ajoutée de NutraSweet fut considérablement affaiblie. Il ne lui restait plus que la fidélité à la marque et son avantage de coût de fabrication.

Dans quelle situation se retrouva alors la HSC ? Il est clair que son arrivée sur le marché fut d'une grande valeur pour Coca et Pepsi. Elle aurait d'ailleurs fort bien pu exiger au préalable une rétribution correspondant à son rôle de fournisseur alternatif, soit sous forme d'un paiement fixe, soit sous forme d'un contrat garanti. Mais une fois plongée dans les réalités concrètes du marché, avec un produit sans marque et des coûts de production plus élevés que NutraSweet, la HSC eut beaucoup plus de mal à tirer son épingle du jeu. Ken Dooley n'a pas tort de dire que tous les industriels veulent une seconde source d'approvisionnement, à ceci près qu'ils ne souhaitent pas forcément faire beaucoup d'affaires avec elle.

Monsanto eut raison de se forger une identité de marque et un avantage de coût : les effets négatifs de l'entrée d'un produit générique en furent minimisés. Coca et Pepsi eurent raison de changer le jeu en favorisant l'entrée d'un nouveau joueur qui allait leur permettre de réduire leur dépendance vis-à-vis de NutraSweet – selon la HSC, les nouveaux contrats générèrent des économies annuelles combinées de 200 millions de US$ pour Coca et Pepsi. Quant à la HSC, elle fut peut-être trop pressée d'accéder au statut de joueur. Pour elle, la question n'était pas de savoir ce qu'elle allait pouvoir faire pour Coca et Pepsi ; il s'agissait au contraire de savoir ce que Coca et Pepsi allaient pouvoir faire pour elle. Duopoliste en faible position en ce qui concernait la vente d'aspartame, elle jouissait en fait d'une solide situation de monopole en ce qui concernait la vente du « service » consistant à rendre le marché de l'aspartame plus concurrentiel. Coca et Pepsi auraient éventuellement payé plus cher pour ce service appréciable, encore eut-il fallu que la HSC exige un tel paiement d'entrée de jeu.

Se faire payer pour jouer

L'histoire de NutraSweet le montre clairement, il arrive que le service le plus précieux que vous puissiez offrir consiste à générer de la concurrence. Ne le bradez surtout pas ! L'art de se faire payer pour jouer est connu des spécialistes du rachat d'entreprise depuis fort longtemps. Le secteur des téléphones portables connaissait une vague de consolidation rapide, lorsqu'en juin 1989 Craig McCaw, alors âgé de 39 ans, fit une offre de rachat pour la Lin Broadcasting Corporation. Déjà détenteur de 50 millions de POPs (population de la zone couverte), McCaw estimait que l'acquisition des 18 millions de POPs de la Lin était la meilleure et peut-être même la seule manière d'acquérir une envergure nationale sur ce marché. Il offrit 120 dollars par action de la Lin, ce qui eut pour effet immédiat d'en faire monter le prix de 103,5 dollars à 129,5 dollars. Le marché attendait manifestement plus de mouvement. Mais le directeur général de la Lin, Donald Pels, ne s'intéressait guère ni à McCaw ni à son offre. Confronté à la réaction hostile de la Lin, McCaw baissa son offre à 110 dollars, et la Lin se mit à chercher d'autres acquéreurs. Avec 28 millions de POPs, le groupe BellSouth faisait figure d'alternative naturelle, même si l'acquisition de la Lin n'allait pas lui donner tout à fait une dimension nationale.

Néanmoins, BellSouth souhaitait acquérir la Lin au juste prix. Mais s'il se lançait dans la bataille, il risquait de créer une guerre des offres qui ruinerait ses chances d'obtenir la Lin à un prix raisonnable. Sachant qu'il n'y aurait au final qu'un seul vainqueur, BellSouth voulait récupérer quelque chose au cas où ce serait McCaw. Aussi, comme condition à la formulation d'une offre, Bellsouth obtint de la Lin la promesse de recevoir un prix de consolation de 54 millions de US$, plus 15 millions de US$ pour couvrir ses dépenses, au cas où son offre serait surpassée. Il fit une offre qu'on évalua généralement dans une fourchette de 105 à 112 dollars. Comme prévu, elle fut surpassée par celle de McCaw qui se situait entre 112 et 118 dollars par action. BellSouth riposta en offrant environ 120 dollars par action. En retour, la Lin releva le plafond des dépenses de BellSouth à 25 millions de US$. McCaw porta son offre à 130 dollars puis ajouta quelques dollars de plus pour emporter le marché. Dans le même temps, il versa à BellSouth 22,5 millions de US$ pour que ce dernier abandonne la partie[3]. À ce point des enchères, le directeur général de la Lin reconnut que les options qu'il détenait sur les titres de sa société valaient 186 millions de US$. Et la transaction, considérée maintenant comme amicale, fut conclue avec McCaw.

Comment s'en sont sortis les différents joueurs ? La Lin a encaissé un milliard de US$ au regard desquels son paiement de 79 millions de US$ à SouthBell avait tout l'air d'une bonne affaire. McCaw a obtenu le réseau national qu'il convoitait, et, l'ayant par la suite revendu à ATT, il est devenu milliardaire. De son côté, BellSouth a réussi à transformer une mauvaise main en 76,5 millions de US$ plus les frais en se faisant payer une première fois pour jouer puis une seconde fois pour se retirer.

BellSouth avait parfaitement compris que même s'il n'est pas possible de gagner d'argent dans le jeu à l'ancienne manière, il est toujours possible de se faire payer pour le changer. De telles rétributions ne sont pas nécessairement monétaires. Elles peuvent également prendre la forme de contrats de vente garantis, de contributions aux dépenses de R&D ou de remboursements des frais de préparation du rachat.

BellSouth avait parfaitement compris que même s'il n'est pas possible de gagner d'argent dans le jeu à l'ancienne manière, il est toujours possible de se faire payer pour le changer.

Les exemples que nous avons développés jusqu'à présent illustrent comment vous pouvez changer trois des quatre joueurs du « Réseau de Valeur ». La Lin a payé pour faire entrer un acheteur, ou client, supplémentaire dans le jeu. Coca et Pepsi auraient sans aucun doute été prêts à rétribuer joliment la HSC pour qu'elle devienne un second fournisseur. Et McCaw a payé pour éliminer un acquéreur rival qui n'était autre qu'un substituteur. Il nous reste donc les complémenteurs.

L'exemple suivant montre comment une entreprise peut tirer parti d'une stratégie qui consiste à introduire des joueurs sur le marché des produits complémentaires.

Des produits complémentaires bon marché

Rappelons qu'en informatique le matériel est le complément classique des logiciels. L'un ne peut fonctionner sans les autres. Les concepteurs de logiciels ne produiront pas de programmes tant qu'il n'existera pas une base matérielle suffisante. De leur côté, les clients n'achèteront pas de matériel tant qu'ils ne disposeront pas d'une masse critique de logiciels. Spécialisée dans les jeux vidéos, la compagnie 3DO s'attaque à ce problème « de la poule et de l'œuf » vécu par le secteur des jeux vidéos en essayant d'attirer de nouveaux joueurs sur le marché des compléments. Les personnes qui connaissent le fondateur de 3DO, Trip Hawkins, n'en seront pas surprises : il a développé sa propre analyse en stratégie et en théorie des jeux lorsqu'il était étudiant à Harvard.

La compagnie 3DO possède une technologie sur le matériel et les logiciels des CD-ROM 32 bits pour les jeux vidéos de la prochaine génération. Elle envisage de gagner de l'argent en accordant des licences à des maisons de logiciels afin qu'elles développent les jeux 3DO en contrepartie de royalties fixées à 3 dollars (d'où le nom de la société). Mais bien sûr, les logiciels ne pourront être vendus qu'à des personnes qui achèteront le matériel adéquat. Or ces acheteurs précoces ne trouveront guère de logiciels à leur convenance. Pour que la mécanique s'enclenche, 3DO doit pouvoir compter sur du matériel bon marché – et plus les prix seront bas mieux ce sera.

La stratégie de 3DO consiste donc à renoncer à ses droits sur la technologie du matériel, ce qui a poussé des fabricants de matériel tels que Panasonic (Matsushita), GoldStar, Sanyo, et Toshiba à entrer dans le jeu. Dans la mesure où tous les logiciels 3DO fonctionneront sur tous les matériels 3DO, les constructeurs de matériel n'ont plus que les prix comme argument de concurrence. Le matériel devient donc une pure commodité, et c'est précisément ce que 3DO désirait : le prix du produit complémentaire est poussé à la baisse.

Mais il ne l'est pas suffisamment. 3DO est en train de découvrir que pour générer une dynamique dans le marché, le matériel doit être vendu à perte, seuil que les fabricants ne souhaitent pas atteindre. Pour motiver ces derniers, 3DO leur offre maintenant 2 actions 3DO pour chaque équipement vendu. De plus, la compagnie a renégocié ses accords avec les maisons de logiciels : les royalties ont été portées à 6 dollars, les 3 dollars supplémentaires étant destinés au financement des ventes de matériel. Trip Hawkins est donc bel et bien en train de payer des industriels pour qu'ils acceptent de jouer sur le marché des produits complémentaires. Les paie-t-il assez ? Seul le temps nous le dira.

Créer de la concurrence sur le marché des compléments est l'autre face de la « coopétition ». De même que l'on considère en général que les substituteurs sont des ennemis, les complémenteurs sont perçus uniquement comme des amis. Alors que l'histoire de General Motors montre l'existence d'opportunités gagnant-gagnant avec des substituteurs, le cas de 3DO illustre la possibilité d'opportunités gagnant-perdant légitimes avec des complémenteurs. L'introduction de concurrence chez ses complémenteurs a aidé 3DO à leurs dépens.

Changer les valeurs ajoutées

De la même manière que les joueurs d'un jeu ne sont pas nécessairement fixés une fois pour toute, vous ne devriez pas considérer que leur contribution au jeu est immuable. Vous avez la possibilité de changer la valeur ajoutée des joueurs. Le bon sens nous suggère qu'il existe deux options : augmenter sa propre valeur ajoutée, ou diminuer celle des autres.

L'une des façons d'augmenter la valeur ajoutée consiste à adopter de bonnes pratiques de gestion de base. Vous pouvez adapter votre produit aux besoins des clients, développer une marque, utiliser vos ressources avec plus d'efficacité, travailler avec vos fournisseurs pour les aider à diminuer leurs coûts, et ainsi de suite. Ces stratégies ne sont pas à déconsidérer. Mais il en existe d'autres, moins transparentes, ainsi que le montre l'introduction de la Comfort Class par Trans World Airlines en 1993.

Après avoir supprimé des sièges afin de libérer plus d'espace, TWA se retrouva en première place en termes de satisfaction des voyageurs.

Robert Cozzi, directeur du marketing de TWA, proposa de supprimer 5 à 40 sièges par avion afin de donner aux passagers de la classe économique plus d'espace pour les jambes. Cette initiative augmenta la valeur ajoutée de TWA. Selon le cabinet J. D. Power et associés, la compagnie se retrouva à la première place de sa catégorie en terme de satisfaction des voyageurs sur les vols long-courrier. Ceci était un gain pour TWA et une perte pour les autres compagnies aériennes. Mais la situation n'était pas exempte d'éléments gagnant-gagnant : avec des avions mieux remplis, TWA avait peu de chances de se lancer dans une guerre des prix.

Mais que se passerait-il si d'autres transporteurs reprenaient cette stratégie à leur compte ? Aurait-ce pour effet de ruiner les efforts de TWA ? La réponse est non, car les imitations des concurrents résulteraient en une baisse des capacités dans un secteur vérolé par la surcapacité. Les passagers disposent de plus d'espace et les compagnies ne transportent plus des sièges inoccupés tout autour du globe. Tout le monde y gagne. Robert Cozzi a entrevu un moyen de dégager le secteur du transport aérien de la désastreuse concurrence sur les prix qui fait rage lorsque les compagnies essayent de remplir la classe économique. C'est un exemple de stratégie d'entreprise portée à son plus haut niveau[4].

L'idée d'augmenter sa propre valeur ajoutée semble assez naturelle. L'approche qui consiste à réduire celle des autres paraît moins évidente. Voyons comment cette stratégie fonctionne en prenant d'abord l'exemple d'un simple jeu de cartes.

L'idée d'augmenter sa propre valeur ajoutée semble assez naturelle. L'approche qui consiste à réduire celle des autres paraît moins évidente.

Adam joue aux cartes avec 26 de ses étudiants de MBA. Adam a 26 cartes noires et chacun des 26 étudiants a une carte rouge. Chaque carte rouge couplée avec une carte noire reçoit un prix de 100 US$ (payé par le doyen). Comment la négociation entre Adam et ses étudiants va-t-elle bien pouvoir se dérouler ?

Commençons par calculer les valeurs ajoutées. Sans Adam et ses cartes noires, il n'y a pas de jeu possible. La valeur ajoutée d'Adam est donc égale à la valeur totale du jeu, soit 2 600 US$. Chaque étudiant a une valeur ajoutée de 100 US$, car sans sa carte, il y aura un match de moins et 100 US$ seront perdus. La somme des valeurs ajoutées se monte donc à 5 200 US$, résultant des 2 600 US$ d'Adam et des 100 US$ de chacun des 26 étudiants. Or la cagnotte à diviser entre les joueurs n'est que de 2 600 US$. Le jeu étant symétrique, il est fort probable que chacun finira avec la moitié de sa valeur ajoutée : Adam achètera les cartes de ses étudiants, ou vendra les siennes, pour 50 US$ pièce.

Pour l'instant, rien de vraiment nouveau. Adam pourrait-il faire mieux ? Oui, mais à condition de commencer par changer le jeu. Adam brûle ouvertement trois de ses cartes noires. C'est vrai, maintenant le gâteau est plus petit. Il vaut 2 300 US$, tout comme la valeur ajoutée d'Adam. Mais l'objectif de ce mouvement stratégique consiste à détruire les valeurs ajoutées des autres joueurs. Dans cette nouvelle situation, aucun étudiant n'a la moindre valeur ajoutée car trois étudiants ne pourront pas jouer de match, et donc aucun n'est essentiel au jeu. La valeur totale avec 26 étudiants est de 2 300 US$, et elle est encore de 2 300 US$ avec 25 étudiants.

Dans ces conditions, la division du gâteau ne sera pas égale. Les étudiants n'ayant de valeur ajoutée ni les uns ni les autres, Adam serait déjà assez généreux s'il proposait un partage 90/10. Puisque trois étudiants n'auront rien, les autres devraient se juger extrêmement chanceux de finir avec 10 US$. Pour Adam, 90 % de 2 300 US$ constitue un bien meilleur résultat que la moitié de 2 600 US$. Mais il ne l'obtiendra que si les 26 étudiants restent incapables de s'entendre. S'ils y parvenaient, le jeu en serait à nouveau changé. En fait, il y aurait changement de joueurs (comme dans les exemples de la partie précédente), et ce serait une excellente stratégie pour les étudiants.

Un simple petit jeu de cartes ? Non, une stratégie employée par le fabricant de jeux vidéos Nintendo (et il se trouve qu'au départ il produisait des jeux de cartes). Pour bien comprendre comment cette entreprise a diminué la valeur ajoutée de tous les autres joueurs, faisons le tour de son « Réseau de Valeur » (voir le schéma « Comment Nintendo a fait mieux que tous les joueurs de son "Réseau de Valeur" »).

La puissance de Nintendo

Commençons par les clients. Nintendo vendait ses produits sur un marché fortement concentré, essentiellement composé de grands distributeurs tels que Toys R'Us et Wal-Mart. Comment combattre une telle puissance d'achat ? Nintendo fit exactement la même chose qu'Adam lorsque celui-ci brûla ses cartes (à ceci près qu'il gagna beaucoup plus d'argent) : il ne remplit pas toutes les commandes des distributeurs. En 1988, Nintendo vendit 33 millions de cassettes de jeux, alors que le marché aurait pu en absorber 45 millions. Manque de prévision ? Non. Il est vrai que le gâteau diminua quelque peu avec l'épuisement des stocks de certains magasins. Mais le point important réside dans le fait que les distributeurs perdirent de la valeur ajoutée. Même un géant du style de Toys R'Us s'est retrouvé affaiblit lorsque qu'il ne fut plus en mesure d'approvisionner tous ses magasins. Alors que la « Nintendo-mania » s'amplifiait, les clients se mirent à faire la queue devant les magasins et les distributeurs réclamèrent à grands cris des jeux supplémentaires. Nintendo a contourné le pouvoir des acheteurs en créant de la rareté sur ses produits.

Comment Nintendo a fait mieux que tous les joueurs de son « Réseau de Valeur »

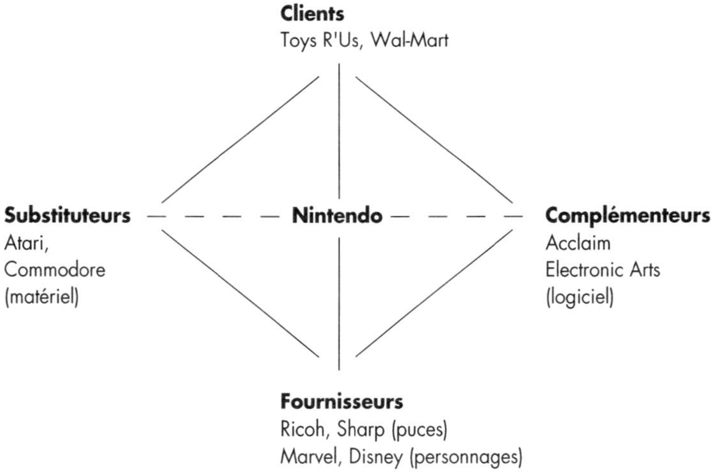

Le terrain de négociation suivant concernait les complémenteurs, c'est-à-dire des développeurs de jeux externes à Nintendo. Quelle fut la stratégie de Nintendo ? Tout d'abord, il développa des logiciels en interne. Ensuite, il intégra une puce sécurisée à l'intérieur de son matériel, et il mit sur pied un programme d'accord de licences à l'intention de développeurs extérieurs. Le nombre de licences était limité, de même que le nombre de jeux que leurs détenteurs étaient en droit de développer. Comme il y avait de nombreux postulants au titre de programmeurs Nintendo et comme, d'autre part, la société était en mesure de développer ses propres jeux en interne, la valeur ajoutée des entreprises qui obtenaient effectivement la licence fut diminuée. Là encore, Nintendo faisait en sorte qu'il y ait moins de cartes noires que de cartes rouges dans le jeu, et que tous les atouts de négociation soient de son côté.

Les fournisseurs de Nintendo n'avaient guère de valeur ajoutée non plus. La société utilisait des puces issues d'une technologie déjà ancienne, ce qui les ramenait en quelque sorte au rang de « matières premières ». Les héros des jeux représentaient un autre facteur de production important. Nintendo décrocha le gros lot en développant Mario. Lorsque celui-ci acquit l'immense faveur du public, la valeur ajoutée de héros de bandes dessinées tels que Spiderman (licence obtenue de Marvel), ou de personnages de dessins animés tels que Mickey (Disney), enregistra une nette diminution. En fait, Nintendo retourna complètement la situation en se mettant lui-même à accorder des licences autorisant Mario à apparaître dans des bandes dessinées et des dessins animés, sur des boîtes de céréales, dans des jeux de société et sur des jouets.

Et nous en arrivons aux substituteurs de Nintendo. Du point de vue des enfants, il n'existait aucune bonne alternative aux jeux vidéos. La seule menace véritable venait des autres systèmes de jeux. Et là, Nintendo avait pratiquement le jeu pour lui tout seul. Le fait de détenir la base installée la plus vaste du marché lui permit, d'une part, de réduire les coûts de fabrication de son matériel, et, d'autre part, d'obtenir les meilleurs jeux car les développeurs ne souhaitaient rien d'autre que de travailler pour le plus grand. Ceci enclencha un cercle vertueux : un nombre toujours croissant de consommateurs se porta sur les systèmes Nintendo, d'où une base installée encore plus importante, d'où des coûts encore plus bas et d'où encore plus de jeux à la disposition des clients. Nintendo verrouilla sa position dominante en exigeant l'exclusivité des développeurs extérieurs pour lesquels c'était un faible prix à payer compte tenu du peu de débouchés possibles en dehors de Nintendo. Les concurrents potentiels ne pouvaient simplement adapter les jeux à succès existants à leurs propres consoles ; ils devaient repartir de zéro. Bien qu'en général les bénéfices importants réalisés sur un marché invitent à y pénétrer, aucun concurrent n'avait la possibilité de se constituer de la valeur ajoutée. La taille de la base installée combinée aux accords d'exclusivité ruinait tout espoir de jouer avec succès contre Nintendo.

Quels étaient les résultats financiers de Nintendo ? Combien pouvait valoir le fabricant d'un jeu vidéo de 2 bits – disons même 8 bits – mettant en scène un lugubre plombier du nom de Mario ? Combien de plus que Sony ou Nissan ? Entre juillet 1990 et juin 1991, la valeur de marché moyenne de Nintendo se montait à 2,4 trillards de yens, tandis que celles de Sony et Nissan atteignaient respectivement 2,2 et 2 trillards de yens.

L'exemple de Nintendo illustre l'importance de la valeur ajoutée par opposition à la valeur tout court. Il est certain que les voitures, les télévisions et les magnétoscopes créent plus de valeur dans le monde que ne le font les Game Boys. Mais créer de la valeur n'est pas suffisant car les profits dépendent de la capacité à capter de la valeur. En préservant sa valeur ajoutée au plus haut tout en maintenant celle des autres au plus bas, Nintendo put s'approprier une part généreuse du vaste gâteau des jeux vidéos. Le nom du magazine mensuel des fanatiques du fabricant, *Nintendo Power* (La puissance de Nintendo), résumait élégamment la situation.

Cependant, le succès de Nintendo eut aussi pour effet d'attirer des regards inquisiteurs sur ses opérations. Fin 1989, Dennis Eckart, membre du Congrès (Ohio) et président du sous-comité sur les lois anti-trust, les privatisations et l'impact de la déréglementation, demanda au *U.S. Justice Department* (équivalent de notre ministère de la Justice) d'enquêter sur des allégations selon lesquelles Nintendo États-Unis obstruerait le fonctionnement normal de la concurrence. Dans sa lettre, Eckart retenait entre autres arguments que les pénuries de Noël 1988 « furent sciemment organisées afin de faire grimper la demande et les prix de détail et afin d'améliorer la position de marché de Nintendo » et que les producteurs de logiciels « étaient devenus presque entièrement dépendants de l'acceptation de leur jeux par Nintendo ». Aucune des pratiques de Nintendo ne furent jugées illégales[5].

La pompe à profits de Minnetonka

Il est aussi important de protéger sa valeur ajoutée que de l'établir au départ. Vers le milieu des années 70, Robert Taylor, directeur général de Minnetonka, eut l'idée du *Softsoap*, un savon liquide qui serait déversé par une pompe. Au problème près qu'il serait difficile de conserver la moindre valeur ajoutée lorsque les copies de Procter & Gamble et de Lever Brothers se seraient imposées sur le marché à la force de leurs marques et de leur pouvoir de distribution. Aucun élément du produit ne pouvait être breveté. Mais Taylor réalisa à son plus grand bénéfice que la partie la plus délicate de la production du savon résidait dans la fabrication de la petite pompe en plastique pour laquelle il n'existait que deux fournisseurs. Prenant alors une initiative qui engageait pratiquement tout l'avenir de son entreprise, il bloqua à son profit la production annuelle totale de ces deux fournisseurs en commandant 100 millions de pompes. Même au prix de 12 cents pièce, cette transaction atteignait les 12 millions de US$, c'est-à-dire plus que la valeur nette de Minnetonka. Finalement, les joueurs dominants qu'étaient P&G et Lever entrèrent bel et bien sur ce marché, mais avec 12 à 18 mois de retard sur Minnetonka qui s'était assuré l'intégralité de l'approvisionnement en pompes plastique. La valeur ajoutée du *Softsoap* fut préservée pendant toute cette période, ce qui permit à l'entreprise de se forger peu à peu une fidélité à la marque qui continue à générer de la valeur ajoutée aujourd'hui.

Ainsi que le montrent les exemples de TWA, Nintendo et *Softsoap*, il est possible de changer les valeurs ajoutées. En les réorganisant complètement – c'est-à-dire en augmentant la vôtre et en diminuant celles des autres – vous serez peut-être en mesure de vous accaparer une plus grosse part du gâteau.

La théorie des jeux stipule que dans les interactions « libres » aucun joueur ne peut retirer du jeu plus qu'il n'y apporte, mais ceci ne met pas vraiment un point final à la question. Premièrement, rien ne vient garantir qu'un joueur obtiendra toute sa valeur ajoutée. En général, la somme de toutes les valeurs ajoutées excède la valeur totale du jeu. Rappelons-nous que dans le jeu de cartes d'Adam, le prix total ne valait que 2 600 US$ tandis que les valeurs ajoutées de tous les joueurs totalisaient au départ 5 200 US$. Deuxièmement, le fait que vous n'ayez pas de valeur ajoutée ne vous empêche nullement de gagner de l'argent. D'autres joueurs souhaiteront peut-être vous payer pour que vous intégriez ou quittiez le jeu (comme dans le cas de BellSouth). De la même façon, on pourrait aussi vous payer pour que vous restiez dans le jeu ou, au contraire, en dehors. Troisièmement, les règles entravent les interactions entre joueurs. Nous allons voir que dans les jeux « avec règles », certains joueurs seront éventuellement capables de récolter plus que leur valeur ajoutée initiale.

Changer les règles

Les règles déterminent le déroulement du jeu en limitant les réactions possibles à telle ou telle action. Pour analyser l'effet d'une règle, il convient de se projeter en avant puis de raisonner à rebours.

La règle la plus simple est la suivante : « le même prix pour tous ». Selon cette règle, les prix ne sont pas négociés individuellement avec chaque client. Dans ces conditions, une entreprise peut entrer sur un marché avec profit, même sans valeur ajoutée. Si un nouveau joueur arrive avec un prix inférieur à celui du joueur déjà en lice, ce dernier ne dispose que de deux réponses possibles : pratiquer le même prix que le nouveau venu, ou rester coi et perdre des parts de marché. En se projetant en avant et en raisonnant à rebours, un petit nouveau peut inciter le tenant initial du marché à l'entente plutôt qu'à la rétorsion.

Imaginons qu'un nouveau joueur arrive sur un marché avec une capacité limitée – disons 10 % du marché – et un prix soldé. Sa capacité à gagner de l'argent va dépendre de la réaction du premier joueur. Celui-ci a le choix entre récupérer la part de marché qu'il a perdu en s'alignant sur le prix du nouvel entrant, ou abandonner la part de 10 % en question. En général, cette dernière option s'avère meilleure que celle qui consiste à sacrifier ses marges. Pour le nouveau venu, c'est parfait, mais il aurait tort de se faire trop gourmand. S'il tente de s'approprier une trop grosse part du marché, le tenant initial choisira alors de renoncer à ses marges pour regagner le terrain perdu. Le nouveau venu ne gagnera de l'argent que si le premier joueur ne réagit pas, et le premier joueur ne s'abstiendra de réagir que si le nouveau venu limite sa capacité. Cette stratégie s'appelle d'ailleurs la « stratégie du judo » : en restant petit, le nouvel entrant tourne la taille du tenant initial à son avantage.

Pour mener à bien une « stratégie du judo », le nouvel entrant doit veiller à ce que son engagement à limiter sa capacité soit à la fois clair et crédible. Il sera sans doute tenté de croître, mais il doit prendre conscience que s'il le faisait, il donnerait au premier joueur toutes les raisons de riposter avec force.

La stratégie du judo vue par Kiwi

La compagnie Kiwi International Air Lines comprend ces idées à merveille. Ainsi nommée par référence à l'oiseau sans aile, Kiwi est une jeune entreprise fondée en 1992 par d'anciens pilotes d'Eastern Air Lines qui se sont retrouvés sans possibilité de voler après la faillite d'Eastern. Détenue par ses salariés et utilisant des avions en location, Kiwi bénéficiait d'un avantage de coût par rapport aux grandes compagnies aériennes, mais sa marque était loin d'avoir le même impact et ses horaires de vol restaient beaucoup plus limités – bref, elle n'avait guère de valeur ajoutée. Aussi que fit-elle ? Elle opta pour des prix bas et une capacité restreinte. Selon les déclarations publiques de Robert Iverson, directeur général de l'époque, Kiwi « a conçu son système afin de rester en dehors du champ des grandes compagnies et pour faire en sorte qu'elles comprennent bien que Kiwi ne constitue pas une menace pour elles... Kiwi envisage de s'approprier au plus 10 % de chaque marché, soit pas plus de 4 vols par jour ». Kiwi s'intéressant surtout aux passagers qui voyagent pour affaires, les grandes compagnies ne pouvaient utiliser des contraintes telles que l'obligation de séjourner sur place ou les achats anticipés pour réduire leurs prix sélectivement. Kiwi bénéficiait donc de la règle du « même prix pour tous ».

Pour les nouveaux entrants sur ce marché, Kiwi est devenue à son tour une grande compagnie. Comme il était difficile de faire plus petit qu'elle, elle dut se battre contre toute tentative de l'imiter. Selon Iverson, « (les grandes compagnies) s'en sortent mieux avec nous que sans nous ». Kiwi avait beau être en concurrence avec Delta, elle s'est arrangée pour introduire un élément de « coopétition » dans le jeu en restant petite et en maintenant les entrants potentiels à l'extérieur. Du point de vue de Delta, Kiwi était en quelque sorte son âme damnée.

L'histoire de Kiwi montre comment un joueur peut tirer partie des règles existantes sur un marché – dans ce cas la règle du « même prix pour tous ». Au-delà de leur côté pratique, les règles découlent d'habitudes, de lois ou de contrats. Les règles basées sur des contrats les plus courantes sont les clauses de la nation ou du client le plus favorisé, les accords de non négociation des prix et les clauses d'alignement sur la concurrence. Ces règles structurent les négociations entre les acheteurs et les vendeurs. Elles sont particulièrement utiles pour les joueurs qui opèrent sur les marchés des matières premières ou équivalents. Prenons l'exemple du secteur du dioxyde de carbone.

Les vertus de la clause d'alignement sur la concurrence dans le secteur du dioxyde de carbone

Les grands producteurs de dioxyde de carbone sont au nombre de trois : Airco, Liquid Carbonic et Air Liquide. Le dioxyde de carbone génère une valeur considérable (en réfrigération et gazéification), mais c'est avant tout une matière première, et les producteurs ont d'autant plus de mal à capter la moindre parcelle de cette valeur. Le dioxyde de carbone possède toutefois la caractéristique d'être très coûteux à transporter, ce qui confère un peu de valeur ajoutée au producteur le mieux situé pour livrer un client donné. La différenciation par la fiabilité, la réputation, le service et la technologie sont une autre source de valeur ajoutée. Mais quoi qu'il en soit, la valeur ajoutée des producteurs est

Un producteur peut-il capter plus que sa valeur ajoutée ? Avec la clause d'alignement sur la concurrence de l'industrie du dioxyde de carbone, il le peut.

généralement peu élevée par rapport à la création de valeur totale. La question se pose donc en ces termes : un producteur a-t-il la possibilité de capter plus que sa valeur ajoutée ?

Dans ce cas précis la réponse est oui en raison des règles en vigueur dans le jeu du dioxyde de carbone. Les producteurs ont une clause d'alignement sur la concurrence (*meet-the-competition clause* ou MCC) dans leurs contrats avec les clients. Une MCC donne au fournisseur en titre le droit de faire la dernière offre.

L'intérêt d'une MCC vient de ce qu'un producteur peut pratiquer durablement un prix plus élevé et, donc, gagner plus que sa valeur ajoutée. En d'autres circonstances, un prix plus élevé inciterait les autres producteurs à se battre sur les prix. Mais dans notre exemple, un concurrent ne peut arriver sur le marché et détourner du chiffre d'affaires à son profit en se contentant de court-circuiter le prix existant à la baisse. S'il essayait, le producteur en titre pourrait revenir avec un prix plus bas et emporterait finalement l'affaire. Le processus d'aller et retour pourrait se poursuivre jusqu'à ce que le prix tombe au niveau des coûts variables, mais à ce stade, le jeu du concurrent n'en vaudrait plus la chandelle. Le seul bénéficiaire de la confrontation serait l'acheteur qui y récolterait finalement un prix plus bas.

Pratiquer un prix inférieur au prix existant pour essayer de récupérer le marché d'un producteur en titre est toujours risqué mais sera parfois justifié par le gain réalisable en volume d'affaires. Ce n'est pas le cas lorsque le producteur en titre a une MCC : il n'y a pas de bénéfice possible, et les risques sont toujours là. Baisser le prix crée un dangereux précédent et accroît les risques d'une riposte du tac au tac. Le premier producteur peut contre-attaquer en cherchant à s'approprier les marchés du nouveau concurrent, et même si ce dernier ne perd pas de client, il y perdra certainement des bénéfices. Un autre risque vient de ce que les clients du concurrent pourraient éventuellement se retrouver en situation désavantageuse. Si le concurrent approvisionne Coca et si le producteur en titre est fournisseur de Pepsi, le concurrent n'est pas censé aider Pepsi à obtenir un meilleur prix. Son avenir est lié à Coca-Cola, lequel ne souhaite certainement pas voir Pepsi bénéficier du moindre avantage de coût. Le concurrent devra peut-être même aller jusqu'à baisser le prix qu'il fait à Coca-Cola sans obtenir pour autant la clientèle de Pepsi. Conclusion : les efforts du concurrent sont déplacés ; il serait mieux inspiré de s'assurer que ses clients existants sont satisfaits de ses services.

L'introduction d'une clause d'alignement sur la concurrence (MCC) change le jeu selon un mode qui constitue à l'évidence une victoire pour le joueur en titre. Il est sans doute plus surprenant de constater que le concurrent s'en trouve bien mieux également. Il est vrai qu'il ne sera probablement pas en mesure de capter des parts de marché, mais les prix plus élevés du premier joueur créent un précédent favorable. Ils laissent au concurrent une marge de manœuvre pour augmenter ses prix vis-à-vis de ses propres clients. De plus, réalisant des bénéfices plus élevés, le joueur en titre sera moins tenté de chasser sur les terres du concurrent, parce qu'il aurait maintenant beaucoup plus à y perdre. La présence d'une MCC sur un marché constitue un cas classique de « coopétition ».

Quant aux clients, pourquoi s'accommodent-ils de cette règle ? Peut-être est-ce la tradition ou la norme dans leur secteur ? Peut-être préfèrent-ils renoncer à un avantage de prix initial qui risquerait de leur ôter des marges de manœuvre par la suite ? Ou peut-être n'en discernent-ils pas complètement toutes les implications ? Quelle qu'en soit la raison, il se trouve que les MCC ne sont pas sans apporter quelques avantages aux clients. Elles garantissent aux producteurs qui le souhaitent des relations à long terme avec les clients, même en l'absence de contrats à long terme. En conséquence, les producteurs sont plus désireux d'investir dans le service de leurs clients. Enfin, bien qu'il n'existe pas de MCC formelle, la pratique courante veut que vous ne quittiez pas votre fournisseur attitré sans lui avoir donné une ultime chance de faire une offre.

Loin d'être ébranlées par les imitations, les stratégies qui s'appuient sur une MCC s'en trouvent au contraire renforcées. Un producteur de dioxyde de carbone profite certes de l'adoption unilatérale d'une MCC, mais sa stratégie y gagnera des raisons supplémentaires d'exister si d'autres joueurs l'imitent sur ce point. Les MCC permettent à ces derniers d'augmenter leurs prix, et ils auraient alors beaucoup plus à perdre s'ils se lançaient dans une guerre de parts de marché. Plus le marché est réglementer par des MCC, plus la perspective de chaque producteur d'accroître sa part de marché diminue. Les sommes en jeu étant plus élevées et les espérances de gain plus basses, les producteurs n'ont nul désir de courir après les clients des autres. Moralité : il est peu probable que les joueurs qui vivent dans des maisons de verre se mettent à jeter des pierres. Autrement dit, réjouissez-vous si d'autres joueurs bâtissent des maisons de verre !

On sous-estime souvent la signification des règles ainsi que l'opportunité de changer le jeu en changeant les règles. Si des négociations sans règle sont en cours dans votre secteur, examinez comment l'introduction d'une nouvelle règle pourrait éventuellement changer le jeu. Mais faites attention. Si vous pouvez revoir des règles et en introduire de nouvelles, les autres le peuvent aussi. Contrairement à ce qui se passe dans les autres jeux, le monde des affaires ne disposent d'aucune autorité supérieure destinée à trancher les différends en dernier recours. L'environnement extérieur a aussi son importance. Le gouvernement peut édicter certaines règles – par le biais des lois anti-trust par exemple. Mais au final, le pouvoir d'imposer des règles découle avant tout du pouvoir que l'on détient sur un marché. S'il est vrai que les règles peuvent améliorer la valeur ajoutée, c'est d'abord la valeur ajoutée qui confère le pouvoir de créer des règles. Comme il disent dans l'Ouest, « un Smith & Wesson a toujours raison d'une quinte flush ».

Si des négociations sans règle sont en cours dans votre secteur, examinez comment l'introduction d'une nouvelle règle pourrait éventuellement changer le jeu.

Tactique : changer les perceptions

Nous avons changé les joueurs, les valeurs ajoutées et les règles. Reste-t-il encore autre chose à changer ? Oui, il reste les perceptions. Rien ne vient garantir que tout le monde sera d'accord sur qui sont les joueurs, sur quelles sont leurs valeurs ajoutées et sur quelles sont les règles en vigueur. Et les implications de chaque action et de chaque réaction ne seront pas forcément très claires non plus. Le monde des affaires est baigné d'incertitude. La tactique influence la manière dont les joueurs perçoivent l'incertitude et donc modèlent leur comportement. Certaines tactiques fonctionnent par réduction des perceptions erronées – c'est-à-dire en dissipant le brouillard. D'autres préfèrent créer ou maintenir l'incertitude – c'est-à-dire épaissir le brouillard.

Nous vous proposons deux exemples. Le premier montre comment Rupert Murdoch dissipa le brouillard pour influencer la façon dont le *New York Daily News* percevait le jeu. Le second illustre comment une tactique de maintien du brouillard peut aider les partenaires d'une négociation à parvenir à un accord.

Rupert Murdoch dissipe le brouillard new-yorkais

Au début du mois de juillet 1994, le *Daily News* augmenta son prix de 40 à 50 cents. Compte tenu des circonstances, c'était plutôt audacieux. Son principal concurrent, le *New York Post* de Rupert Murdoch, était en train de tester l'impact d'une baisse de prix à 25 cents et avait même démontré son efficacité à Staten Island. Comme le faisait remarquer le *New York Times* (*Press Notes* du 4 juillet), c'était comme si le *Daily News* mettait Murdoch au défi de persister dans sa baisse de prix.

Mais à vrai dire, l'affaire était beaucoup plus complexe que ne le supposait le *New York Times*. Quelque temps auparavant, Murdoch avait porté le prix du *Post* à 50 cents tandis que le *Daily News* restait à 40 cents. Résultat : le *Post* se mit à perdre des lecteurs ainsi que les recettes de publicité qui les accompagnent. Alors que Murdoch estimait que cette situation ne pouvait pas durer, le *Daily News* ne voyait aucun problème – ou du moins faisait tout comme. C'est ce qu'on appelle un brouillard bien pratique.

Murdoch revint avec une tactique destinée à dissiper le brouillard. Au lieu de se contenter de ramener son prix au niveau antérieur de 40 cents, il annonça son intention de le baisser jusqu'à 25 cents. Les dirigeants du *Daily News* conçurent les plus grands doutes quant à la capacité de Murdoch de mener son projet à terme. De plus, ils étaient convaincus qu'au-delà de l'avantage de prix de 10 cents, leur récent succès était dû à la supériorité de leur produit. Le projet annoncé par Murdoch ne leur parut donc pas particulièrement menaçant.

N'enregistrant aucune réponse, Murdoch essaya une seconde tactique. Il testa la réduction de prix à Staten Island. Les ventes du *Post* y furent multipliées par deux et le brouillard se dissipa. Le *Daily News* apprit à cette occasion que ses lecteurs étaient fort désireux de lire le *Post* s'ils pouvaient y gagner 15 cents. La valeur ajoutée du journal n'était pas si élevée que ça, finalement. Et la baisse de prix de Murdoch n'avait plus l'air aussi stupide, tout d'un coup. Il n'était que trop clair que le *Daily News* aurait à subir des conséquences désastreuses si Murdoch étendait sa baisse de prix sur tout le territoire de New York City. À Londres, un scénario similaire était en train de se jouer entre le *Times* de Murdoch et le *Daily Telegraph* de Conrad Black. C'est dans le contexte de tous ces événements que le *Daily News* releva son prix de 10 cents, le portant à 50 cents.

Seul le *New York Times* resta dans le brouillard. Murdoch n'avait jamais eu la réelle intention de baisser son prix à 25 cents. Il ne se serait jamais attendu à ce que le *Daily News* restât à 40 cents s'il avait étendu sa réduction de prix à tout New York. L'annonce de Murdoch et le test de Staten Island étaient simplement des tactiques destinées à pousser le *Daily News* à augmenter son prix. À parité de prix, le *Post* ne perdrait plus de lecteurs et les deux journaux seraient plus rentables que si leur prix était de 25, ou même de 40 cents. La « coopétition » a donc encore frappé. Le *Post* porta un premier coup en montant son prix à 50 cents, et lorsque le *Daily News*, trop gourmand, ne manifesta aucune intention de le suivre, Murdoch lui montra la lumière. Lorsque le *Daily News* monta son prix, il n'agissait nullement par un défi envers Murdoch. Il se mettait à l'abri d'une guerre des prix, et, par la même occasion, en protégeait aussi Murdoch.

Dans le cas du *Daily News* et du *Post*, le brouillard était avantageux pour le premier, mais pas pour le second. Murdoch décida donc de le dissiper.

Épaissir le brouillard pour mieux négocier

Il arrive que le brouillard soit avantageux pour toutes les parties. Une négociation d'honoraires (composée de plusieurs négociations confidentielles) entre une banque d'affaires et son client en offre un bon exemple. Le client est une entreprise que les propriétaires sont forcés de vendre. La banque d'affaires a identifié un acquéreur potentiel. Jusqu'à présent, elle a travaillé de bonne foi, et le temps de signer un contrat de rémunération est maintenant arrivé.

La banque propose un montant d'honoraires de 1 %. Le client, qui s'imagine que son entreprise ira chercher dans les 500 millions de US$, rétorque qu'une commission de 5 millions de US$ serait excessive et propose un taux de 0,625 %. Les banquiers pensent que le prix de la transaction sera plus proche de 250 millions de US$ et que la proposition du client risque de réduire leurs honoraires de 2,5 millions à environ 1,5 million de US$.

Une première tactique consisterait à dissiper le brouillard. La banque d'affaires pourrait essayer de convaincre le client qu'une évaluation de 500 millions de US$ n'est pas réaliste et que sa crainte d'avoir à payer 5 millions de US$ d'honoraires n'est donc pas fondée. Le problème de cette tactique étant que le client n'a aucun désir d'entendre parler d'une évaluation aussi basse. Face à cette perspective, il risque d'abandonner la transaction, si ce n'est la banque, et il n'y aurait plus d'honoraires du tout.

L'optimisme du client et le pessimisme de la banque créent les conditions favorables d'un accord plutôt que d'un désaccord. Les deux parties devraient accepter un taux de 0,625 % assorti d'un minimum garanti de 2,5 millions de US$. De cette façon, le client obtient le pourcentage qu'il veut et considère que le minimum garanti ne le concerne pas. Avec une commission de 0,625 %, le minimum garanti ne commencera à s'appliquer que pour un prix inférieur à 400 millions de US$, et le client pense que le prix se situera 100 millions de US$ au-dessus. Quant aux banquiers, selon leur proposition d'origine ils attendaient un montant d'honoraires de 2,5 millions de US$. Maintenant que cette somme leur est acquise, ils peuvent acquiescer à toute proposition de taux inférieur à 1 %.

Les négociations limitées à des honoraires exprimés uniquement en pourcentage appartiennent par construction au type de jeu gagnant-perdant. Si le taux tombe de 1 % à 0,625 %, le client gagne et la banque d'affaires perd. La situation dans laquelle on passe de 1 % à 0,625 % avec un plancher est du type gagnant-gagnant – mais seulement lorsque les deux parties réagissent en fonction de perceptions différentes. Le brouillard autorise donc la « coopétition ».

Changer la portée du jeu

Après les joueurs, les valeurs ajoutées, les règles et les possibilités tactiques, il ne nous reste plus rien à changer à l'intérieur des frontières existantes du jeu. Mais aucun jeu n'est une île. Les jeux sont liés entre eux à travers le temps et l'espace. Un jeu qui se déroule en un lieu donné peut influencer des jeux qui ont lieu ailleurs, et des jeux en cours aujourd'hui peuvent avoir une influence sur des jeux qui se dérouleront demain. Vous avez la possibilité de changer la portée du jeu. Vous pouvez l'étendre en créant des liens avec d'autres jeux ou vous pouvez la réduire en rompant des liens. L'une ou l'autre approche peut vous être favorable.

Nous avons quitté Nintendo avec une valeur de marché supérieure à celles de Sony et Nissan et avec un héros de jeux, Mario, plus connu que Mickey. Sega et les autres prétendants au titre de concurrent s'étaient cassés les dents sur les jeux à 8 bits. Mais contrairement au reste de la troupe qui s'arrêta en chemin, Sega n'abandonna pas la partie et lança un nouveau système à 16 bits sur le marché des États-Unis. La riposte de Nintendo, sous la forme d'une machine à 16 bits de son cru, se fit attendre deux ans. Dans l'intervalle, et avec l'aide de son héros de jeux, Sonic le Hérisson, Sega s'était assuré une confortable position de marché. Aujourd'hui, les deux entreprises se partagent le marché du 16 bits à parts à peu près égales.

Est-ce la chance qui permit à Sega de bénéficier d'une aussi longue période de paix pour établir sa position ? Nintendo a-t-il tout simplement raté son coup ? Ce n'est pas notre avis. La position de Nintendo sur le marché du 8 bits possédait encore une valeur appréciable. Sega se rendit compte qu'en élargissant la portée, il pouvait transformer la force de Nintendo sur le 8 bits en une faiblesse sur le 16 bits. Imaginez maintenant que vous êtes Nintendo : allez-vous foncer sur le 16 bits ou adopter une position d'attente ? L'entrée immédiate de Nintendo dans la partie aurait déclenché une compétition qui se serait soldée par la baisse des prix du 16 bits. Or ce dernier système étant le substitut du 8 bits, la diminution de son prix aurait eu pour effet de réduire la valeur générée par le 8 bits – et de secouer fortement les résultats financiers de Nintendo. Laisser l'intégralité du marché du 16 bits à Sega signifiait que les prix y seraient plus élevés que si la concurrence régnait. Et ces prix plus élevés permirent d'amortir les effets de la nouvelle technologie par rapport à l'ancienne. En restant en dehors du chemin de Sega, Nintendo fit un arbitrage calculé : renoncer à une partie des opportunités sur le marché du 16 bits afin d'allonger la durée de vie du marché du 8 bits. Compte tenu du lien qui existait entre les jeux à 8 bits et les jeux à 16 bits, la décision de Nintendo d'adopter une position d'attente était parfaitement justifiée. Remarquons au passage que la décision de ne pas engendrer de bataille concurrentielle sur un marché de produits substituts est en quelque sorte l'image renversée de la stratégie suivie par 3DO qui consistait à créer de la concurrence sur un marché de compléments.

Les pièges de la stratégie

Changer le jeu est une entreprise difficile car elle est semée d'embûches potentielles. Les outils – c'est-à-dire un état d'esprit : la « coopétition », un plan : le « Réseau de valeur », et une méthode : PARTS – que nous avons présentés à cet effet ont notamment pour objectif d'aider les dirigeants à reconnaître ces pièges et à les éviter.

Le premier piège consiste à penser que l'on doit accepter le jeu dans lequel on se trouve. La simple prise de conscience qu'il est possible de changer le jeu est cruciale. Même si cela demande plus de travail, il est beaucoup plus satisfaisant d'être à l'origine d'un jeu que de subir le jeu des autres.

Le deuxième piège consiste à penser que le changement de jeu ne peut se faire qu'aux dépens des autres. Une telle approche risque d'instaurer un état d'esprit batailleur qui vous fera passer à côté des opportunités gagnant-gagnant. L'état d'esprit de la « coopétition », qui veut que l'on s'intéresse autant aux situations gagnant-gagnant qu'aux situations gagnant-perdant, est nettement plus rentable.

Le troisième piège consiste à croire que vous devez faire quelque chose que les autres ne peuvent pas faire. Lorsque vous trouvez effectivement un moyen de changer le jeu, acceptez que vos actions soient éventuellement imitées. Être unique n'est pas une condition nécessaire du succès. L'imitation peut s'avérer très saine, ainsi que le montre l'histoire de la carte de crédit de General Motors et bien d'autres exemples.

Le quatrième piège se déclenche lorsque vous ne parvenez pas à appréhender l'intégralité du jeu. Vous ne pouvez changer ce que vous ne voyez pas. Le rôle des complémenteurs, notamment, est fréquemment occulté par les dirigeants d'entreprise. La solution consiste à tracer le « Réseau de Valeur » de votre entreprise, ce qui doublera votre répertoire de stratégies destinées à changer le jeu. Toute stratégie envers les clients possède sa contrepartie envers les fournisseurs (et vice versa), et toute stratégie envers les substituteurs possède sa contrepartie envers les complémenteurs (et vice versa).

Le cinquième piège intervient lorsque vous réfléchissez à des moyens de changer le jeu sans disposer d'une méthode pour ce faire. L'ensemble complet et théoriquement fondé des cinq leviers que forme le PARTS vous sera utile pour mettre au point des stratégies, mais c'est encore insuffisant. Pour comprendre les effets de telle stratégie particulière, vous devez dépasser vos perspectives habituelles. Abandonnez l'égocentrisme et engagez-vous résolument dans l'allocentrisme.

La Holland Sweetner Company aurait eu tout intérêt à se rendre compte que Coca-Cola et Pepsi étaient prêts d'entrée de jeu à payer un prix plus élevé pour assurer la concurrence sur le marché de l'aspartame. Avec bien peu de cartes en main au départ, la compagnie BellSouth tira magnifiquement son épingle du jeu, simplement parce qu'elle avait compris les motivations de Lin et de McCaw. Le pouvoir de Nintendo sur le marché des jeux à 8 bits s'affirma par la baisse de la valeur ajoutée de tous les autres joueurs. Pour déterminer la capacité optimale et le juste prix qui allaient lui permettre d'entrer sur le marché du transport aérien, Kiwi dut se mettre à la place des grandes compagnies aériennes pour s'assurer qu'elles seraient plus enclines à s'accommoder à la situation qu'à se battre. L'intérêt d'une clause d'alignement sur la concurrence (MCC) devient clair dès lors que vous vous demandez comment un prétendant au titre de concurrent pense que vous allez réagir face à sa tentative potentielle de vous prendre un client. Pour parvenir à ses fins, Murdoch dut d'abord se rendre compte que le *Daily News* évoluait en plein brouillard, puis trouver un moyen de le ramener à plus de clairvoyance. Un négociateur sera mieux à même de parvenir à un accord s'il comprend en quoi les différentes parties de la négociation perçoivent le jeu différemment. En lançant un nouveau système de jeux à 16 bits interdépendant du système à 8 bits déjà existant sur le marché, Sega plaça Nintendo face à un dilemme et y gagna la réussite.

Disons pour conclure qu'il n'existe pas de recette miracle pour changer le jeu des affaires. C'est un processus permanent. D'autres que vous essaieront aussi de changer le jeu. Certains de leurs changements œuvreront en votre faveur, d'autres non. Vous devrez peut-être changer le jeu à nouveau. À vrai dire, le jeu qui consiste à changer le jeu ne finit jamais.

Notes

1. On trouvera une analyse approfondie ainsi que des applications du principe de la projection en avant et du raisonnement à rebours dans *Thinking Strategically : The Competitive Edge in Business, Politics, and Everyday Life,* (« Penser stratégiquement, défi fondamental des affaires, de la politique et de la vie de tous les jours ») de Avinash Dixit et Barry Nalebuff (W. W. Norton, 1991).

2. Ce mot-valise peut être attribué à Ray Noorda, directeur général de Novell, qui l'a utilisé pour décrire les relations dans le secteur informatique : « Vous devez à la fois coopérer et vous faire concurrence » (*Electronic Business Buyer*, décembre 1993).

3. McCaw a payé 26,5 millions de US$ à Los Angeles RCC, joint-venture entre McCaw et BellSouth détenue à 85 % par ce dernier. McCaw n'ayant obtenu aucune participation complémentaire au capital en contrepartie de son investissement, ce montant correspondait en fait à un paiement de 22,5 millions de US$ à BellSouth et de 4 millions de US$ à lui-même. Les lois sur les opérations de Bourse prévalant sur les lois anti-trust, il est parfaitement légal qu'un offreur en paie un autre afin que le deuxième renonce à participer au jeu.

4. Malheureusement, ce programme n'a guère joué en faveur du confort personnel de Robert Cozzi qui dut démissionner lorsque TWA en réduisit la portée. La compagnie est revenue à la Comfort Class imaginée par Cozzi à l'automne 1994.

5. Sur une autre question, Nintendo passa avec la *Federal Trade Commission* (équivalent de notre Commission des prix et de la concurrence) un accord dans lequel il acceptait de ne plus exiger des distributeurs qu'ils adhèrent à un prix minimum pour la console de jeux. De plus, Nintendo s'engageait à donner aux acheteurs antérieurs un bon de réduction de 5 US$ à valoir sur un prochain achat de cassette de jeux Nintendo. À l'examen du cas en question, *Barron's* émit l'idée que « les avocats anti-trust qui sont légion s'occuperaient plus utilement en jouant à Super Mario Brothers 3 plutôt qu'en se focalisant sur des cas de ce genre » (3 décembre 1991).

Première publication en juillet – août 1995
Traduit par Nathalie Meyer pour les Éditions d'Organisation
Réédition 95402

Les auteurs remercient vivement F. William Barnett, Putnam Coes, Amy Guggenheim, Michael Maples, Anna Minto, Troy Paredes, Harborne Stuart, Bart Troyer, Michael Tuchen, et Peter Wetenhall, ainsi que de nombreux autres collègues et étudiants pour leurs sympathiques suggestions et commentaires.

Le planning par la découverte

Rita Gunther McGrath
et Ian C. Macmillan

Résumé des points essentiels

Le monde des affaires ne compte plus les exemples de sociétés brillantes ayant subi d'énormes pertes après avoir pénétré dans des territoires inconnus – nouvelles alliances, nouveaux marchés, nouveaux produits, nouvelles technologies. Il est pourtant possible d'éviter ces échecs ou d'en limiter le coût en permettant aux dirigeants d'aborder les projets novateurs avec les outils de planning et de contrôle appropriés.

Le planning par la découverte est un outil pratique qui différencie bien le planning d'un nouveau projet à risque de celui d'une opération plus conventionnelle. La gestion des nouveaux projets à risque s'appuient sur plus d'hypothèses que de certitudes. Les hypothèses concernant l'inconnu sont souvent erronées, et les nouveaux projets à risque dévient inévitablement – souvent considérablement – de leurs objectifs initiaux. En réalité, ils exigent fréquemment des réorientations fondamentales.

Au lieu d'essayer de pousser les start-ups à appliquer les méthodes de planning d'activités existantes et bien connues, les auteurs proposent aux dirigeants un outil qui met en lumière les hypothèses implicites et potentiellement dangereuses. Le planning par la découverte transforme les hypothèses en connaissances au fil de la progression et de la réalisation du projet stratégique.

Les auteurs prennent l'exemple de l'entrée de la Kao Corporation sur le marché des disquettes pour présenter une approche par bonds successifs destinée à aider les entreprises à repenser le planning. Dans un premier temps, les dirigeants doivent partir du résultat financier, puis remonter le compte de résultat pour déterminer avant toute chose le bénéfice potentiel d'un nouveau projet à risque.

Le planning par la découverte est un outil particulièrement performant dans le cas d'un important projet stratégique comportant de nombreuses incertitudes. Il oblige les dirigeants à formuler ce qu'ils ne savent pas et leur propose une démarche destinée à les aider à affronter les grandes inconnues communes à tout nouveau projet à risque avant de prendre d'importants engagements financiers.

Le monde des affaires ne compte plus les exemples de sociétés brillantes ayant subi d'énormes pertes après avoir pénétré dans des territoires inconnus – nouvelles alliances, nouveaux marchés, nouveaux produits, nouvelles technologies. En 1992, la Walt Disney Company installait son premier parc de loisirs en Europe. En 1994, elle avait accumulé plus d'un milliard de dollars de pertes. Zapmail, un service de télécopie, coûta 600 millions de dollars à Federal Express Corporation avant d'être abandonné. Quant à Polaroid, elle perdit 200 millions de dollars en s'aventurant dans la vidéo instantanée. Pourquoi de tels projets tiennent-ils en échec les entreprises les plus brillantes et les plus expérimentées ? L'une des raisons évidentes est que les projets stratégiques comportent une part de risque : la probabilité de l'échec est inhérente au territoire exploré. Pourtant, il serait souvent possible d'éviter les échecs ou d'en limiter le coût si les hauts dirigeants abordaient les projets novateurs avec les outils de planning et de contrôle appropriés.

Le planning par la découverte est un outil pratique qui permet de bien différencier le planning d'un nouveau projet de celui d'une activité plus conventionnelle. Le planning conventionnel s'appuie sur le principe selon lequel les dirigeants peuvent extrapoler les résultats à venir à partir d'une plate-forme bien connue et prévisible fondée sur l'expérience passée. Les prévisions paraissent exactes parce qu'elles reposent sur une solide connaissance plutôt que sur

Le planning par la découverte reconnaît qu'il faut prévoir l'inconnu pour se lancer dans un nouveau projet à risque.

des hypothèses. Dans le planning par l'expérience, il est mal venu de dévier du plan initial.

L'approche par l'expérience convient aux affaires en cours, mais c'est pure folie que de l'appliquer aux nouveaux projets à risque. Par définition, les nouveaux projets exigent d'une entreprise qu'elle prévoie ce qui est inconnu, incertain et encore inexploré par la concurrence. Les dirigeants n'ont pas encore une connaissance sûre, fiable et prévisible de l'activité. Ils doivent donc s'accommoder des hypothèses sur les scénarios possibles. Les nouveaux projets à risque s'appuient sur plus d'hypothèses que de certitudes. Avec les affaires courantes, la proportion est censée être précisément l'inverse. Les hypothèses sur l'inconnu se révèlent généralement erronées. Les nouveaux projets à risque dévient donc inévitablement – et souvent considérablement – de leurs objectifs initiaux. En réalité, les nouveaux projets exigent fréquemment des réorientations fondamentales.

Au lieu d'essayer d'obliger les start-ups à appliquer des méthodes de planning destinées à des activités prévisibles et bien connues, le planning par la découverte reconnaît qu'au début d'un nouveau projet à risque, on a peu de certitudes et on fait beaucoup de suppositions. Lorsque l'on utilise un planning par l'expérience, les hypothèses sur lesquelles le plan d'action est construit sont traitées comme des faits – des données à intégrer au plan – plutôt que comme des estimations à vérifier. Les entreprises vont ensuite de l'avant sur la base de ces hypothèses bien ancrées. En revanche, le planning par la découverte transforme systématiquement les hypothèses en connaissances à mesure de la progression et de la réalisation du projet stratégique.

Lorsque de nouvelles données sont découvertes, elles sont intégrées au plan en cours de développement. Le projet révèle son potentiel réel au fur et à mesure de son évolution – d'où le terme de planning par la découverte. L'approche impose une démarche différente – mais non moins précise – de celle du planning conventionnel.

Euro Disney et l'approche par l'expérience

Même les entreprises les plus brillantes ne sont pas à l'abri de graves difficultés si elles n'identifient pas les hypothèses sur lesquelles elles ont bâti leurs projets. La Walt Disney Company, propriétaire à 49 % d'Euro Disney (ou Disneyland Paris), est un fin gestionnaire de parcs de loisirs. Son succès ne se limite pas aux États-Unis : Tokyo Disneyland fut une réussite financière et médiatique quasiment dès son inauguration en 1983. Euro Disney n'a pas eu cette chance. Pourtant, en 1993, le parc accueillait près d'un million de visiteurs par mois, devenant ainsi la première destination touristique payante d'Europe. Alors pourquoi a-t-il perdu tant d'argent ?

Lorsque, en 1986, elle planifia le lancement d'Euro Disney, la société Disney fit des projections en s'appuyant sur l'expérience de ses autres parcs. La société comptait enregistrer une moitié de ses recettes en entrées et l'autre moitié en hôtellerie, restauration et ventes. Mais Euro Disney se vit obliger de réduire sérieusement le prix du billet adulte pour pouvoir atteindre, en 1993, son objectif de 11 millions d'entrées. Ce qui pesa également sur le déficit, c'est que les dépenses moyennes par visite étaient nettement inférieures aux prévisions.

Le but n'est pas de donner des leçons *a posteriori*, mais de présenter une approche qui aurait pu mettre en évidence des hypothèses de départ erronées et atténuer les pertes. Une démarche qui consiste à identifier systématiquement les hypothèses clefs aurait révélé les points faibles du projet de l'entreprise. Examinons chacune des sources de revenu.

Le prix d'entrée

Au Japon et aux États-Unis, Disney trouva le juste prix d'entrée de ses parcs en augmentant progressivement ses tarifs, permettant ainsi au bouche-à-oreille d'opérer. Les planificateurs d'Euro Disney pensaient pouvoir atteindre leur objectif de fréquentation en démarrant dès le début avec un prix d'entrée adulte de plus de 40 dollars. La grande récession qui frappa l'Europe à l'époque et la détermination du gouvernement français à maintenir un franc fort rendirent les choses encore plus difficiles. Les chiffres de fréquentation étaient bas. Certes, les entreprises ne maîtrisent pas les événements macro-économiques. Toutefois, elles peuvent vérifier leurs hypothèses de prix. Les prix d'Euro Disney étaient élevés par rapport à ceux des autres parcs d'attraction européens, notamment les parcs aquatiques, qui proposaient un faible prix d'entrée, puis laissaient les visiteurs payer les attractions de leur choix. En 1993, Euro Disney avait été obligée de réduire sérieusement ses prix pour atteindre son objectif de fréquentation. En outre, elle avait perdu le bénéfice du bouche-à-oreille dont profitent les nouveautés. En Europe, le bouche-à-oreille compte beaucoup, comme l'expérience du Club Med aurait pu l'enseigner à Disney.

L'hôtellerie

S'inspirant de son expérience sur les autres marchés, Disney postulait sur des séjours moyens de quatre jours dans les cinq hôtels du parc. En 1993, le séjour moyen n'était que de deux jours. Si cette hypothèse avait été mise en évidence, elle aurait été révisée à la baisse. En effet, Euro Disney n'avait ouvert que 15 attractions, contre 45 à Disney World. Les visiteurs pouvaient donc toutes les visiter en une seule journée.

La restauration

Aux États-Unis et au Japon, les visiteurs « grignotent » toute la journée. Euro Disney postulait que les Européens en feraient de même. Les restaurants étaient donc prêts à accueillir un flot permanent de clients. Lorsque les visiteurs européens tentèrent de s'attabler pour déjeuner comme ils ont coutume de le faire, Disney fut incapable de les accueillir. Furieux, beaucoup quittèrent le parc pour aller déjeuner et, à leur retour chez eux, firent part de leur indignation à leur entourage.

Euro Disney fit l'hypothèse que les visiteurs européens « grignoteraient » toute la journée, comme le font les visiteurs des autres parcs Disney.

Les ventes

La société Disney avait bien prévu qu'en Europe, les ventes par visiteur seraient inférieures à celle des États-Unis et du Japon, mais elle pensait que les Européens achèteraient une même proportion d'articles d'habillement et d'articles de papeterie. En réalité, il s'avéra que les visiteurs furent loin d'acheter autant d'articles à forte marge tels que tee-shirts et chapeaux que prévu.

Disney aurait pu vérifier son hypothèse auprès des boutiques Disney des villes d'Europe, qui vendent beaucoup moins de vêtements à forte marge que d'articles de papeterie à faible marge.

Les entreprises peuvent apprendre à repérer leurs hypothèses implicites.

Disney n'est pas la seule entreprise à avoir payé cher des projets ayant adopté une approche par l'expérience s'appuyant sur des hypothèses non exprimées qui se révèlent erronées. De tels projets sont généralement entrepris sans identification ni validation préliminaires soigneuses de ces hypothèses souvent inconscientes. Quatre erreurs de gestion du planning reviennent très souvent dans cette approche :

- ***Les entreprises n'ont pas de données solides, mais après avoir pris quelques décisions clefs, elles poursuivent leurs actions comme si leurs hypothèses étaient des faits établis.*** **Les hypothèses implicites d'Euro Disney sur l'utilisation que les visiteurs feraient des hôtels et des restaurants sont de bons exemples.**
- *Les entreprises disposent de toutes les données solides dont elles ont besoin pour vérifier leurs hypothèses, mais elles ne parviennent pas à en tirer toutes les conséquences.* Après avoir échafaudé des hypothèses à partir d'un sous-ensemble de données disponibles, elles poursuivent leurs actions sans jamais vérifier ces hypothèses. Federal Express créa Zapmail en se fondant sur l'hypothèse de départ selon laquelle il existerait une forte demande pour la livraison, sous quatre heures, de documents téléco-

piés d'un centre FedEx à un autre centre FedEx. La société omit de mettre en doute l'hypothèse implicite selon laquelle il se passerait beaucoup de temps avant que les clients puissent s'offrir leurs propres télécopieurs. Si cette hypothèse avait été mise en évidence, FedEx aurait eu plus de chances de prendre en compte la chute des prix et la hausse des ventes de télécopieurs à usage professionnel et, par la suite, à usage privé.

- *Les entreprises disposent de toutes les données nécessaires pour déterminer qu'il existe une véritable opportunité, mais elles échafaudent des hypothèses implicites et erronées sur leur capacité à mettre en œuvre leur projet.* La division bureautique d'Exxon perdit 200 millions de dollars en supposant implicitement qu'elle pourrait construire un service de vente directe et un service après-vente pouvant concurrencer ceux d'IBM et de Xerox.

- *Les entreprises démarrent avec des données justes, mais elles postulent implicitement sur la stabilité de leur environnement et, par conséquent, elles s'aperçoivent trop tard qu'une variable clef a changé.* Polaroid perdit 200 millions de dollars avec la vidéo instantanée Polavision en partant de l'hypothèse qu'une cassette de trois minutes au prix de 7 dollars pourrait concurrencer une vidéocassette de 30 minutes à 20 dollars. La société postulait implicitement que le coût élevé du matériel vidéo resterait inaccessible à la plupart des consommateurs. Pourtant, les entreprises spécialisées dans ces technologies réduisirent constamment leurs prix (cf. « Quelques hypothèses implicites dangereuses », page suivante).

Quelques hypothèses implicites dangereuses

1. Les clients achèteront notre produit parce que nous pensons que c'est un bon produit.
2. Les clients achèteront notre produit parce qu'il est techniquement supérieur aux autres.
3. Les clients seront d'accord avec nous pour dire que le produit est « formidable ».
4. Les clients ne prennent aucun risque en achetant chez nous au lieu de continuer à s'adresser à leurs anciens fournisseurs.
5. Le produit se vendra tout seul.
6. Les distributeurs meurent d'envie de référencer et de vendre le produit.
7. Nous pouvons mettre au point le produit en respectant les délais et le budget.
8. Nous n'aurons aucune difficulté à attirer le personnel adéquat.
9. La concurrence réagira de manière rationnelle.
10. Nous pouvons protéger notre produit de la concurrence.
11. Nous pourrons maintenir les prix à la baisse tout en gagnant rapidement des parts de marché.
12. Le reste de l'entreprise sera ravi de soutenir notre stratégie et de nous fournir son aide si besoin est.

Le planning par la découverte : un cas d'école

Le planning par la découverte permet de mettre systématiquement à jour les hypothèses implicites dangereuses qui, sans lui, passeraient inaperçues et ne seraient par conséquent pas remises en cause. Le procédé impose une démarche stricte résumée dans les quatre documents joints : un *compte de résultat inversé*, qui modélise les aspects économiques fondamentaux d'une activité ; les *spécifications pro forma*, qui définissent l'activité nécessaire pour faire tourner une affaire ; une *liste des hypothèses clefs*, qui permet de s'assurer que les hypothèses ont été vérifiées ; et un *schéma de planification balisé*, qui précise les hypothèses à vérifier à chaque étape du projet. Chacun de ces documents est mis à jour au fur et à mesure des avancées du projet et de l'arrivée de nouvelles données.

Pour illustrer le fonctionnement de cet outil, nous l'appliquerons rétrospectivement au grand succès de l'entrée de la Kao Corporation sur le marché des disquettes en 1988. Nous avons délibérément occulté les informations internes sur l'entreprise ou son processus de planning, et préféré utiliser le peu d'informations à la disposition du public, car c'est souvent tout ce dont une société dispose au démarrage d'un nouveau projet à risque.

La société

La société japonaise Kao Corporation était un grand producteur de tensioactifs à destination de l'industrie des supports magnétiques (ou disquettes). En 1981, la société commença à étudier la possibilité de se lancer dans la production de disquettes en prenant appui sur la technologie des tensioactifs qu'elle avait mis au point dans le cadre de son activité principale, la fabrication de détergents et de cosmétiques. Les dirigeants de Kao réalisèrent que leurs clients fabricants de disquettes leur en avaient suffisamment appris pour compléter leur propre savoir-faire dans la chimie des surfaces. Ils estimaient pouvoir produire des disquettes à un coût bien inférieur et de meilleure qualité que celles que les autres fabricants proposaient à cette époque. Les compétences de Kao dans le domaine des tensioactifs étaient particulièrement précieuses, parce que la qualité de la surface des disquettes est un élément déterminant de leur fiabilité. Pour une entreprise d'un secteur à maturité, la possibilité de s'implanter dans une industrie de croissance présente de nombreux avantages.

Le marché

Fin 1986, la demande était de 500 millions de disquettes aux États-Unis, de 100 millions en Europe et de 50 millions au Japon, avec une croissance cumulée évaluée à 40 % par an. Conclusion, en 1993, le marché mondial devait avoisiner les 3 milliards de disquettes, dont un tiers environ en provenance des OEM (fabricants de matériel informatique ou éditeurs de logiciels), à savoir les gros acheteurs tels que IBM, Apple et Microsoft, qui distribuent leurs logiciels sur ce support. Les prix devaient atteindre environ 180 yens l'unité en 1993. La qualité et la fiabilité ont toujours été des critères importants pour les OEM, car les disquettes défectueuses ont un impact dévastateur sur l'image que les clients se font de la qualité globale d'une entreprise.

Le compte de résultat inversé

Le planning par la découverte s'intéresse d'abord au résultat. Dès le moment où la société Kao a commencé à considérer les différentes alternatives, la question était de savoir si le projet de production de disquettes pourrait renforcer notablement sa position concurrentielle et ses résultats financiers. Dans le cas contraire, pourquoi Kao courait-elle le risque de lancer un grand projet stratégique incertain ?

C'est là qu'intervient notre première démarche, qui consiste à planifier le projet en s'appuyant sur un compte de résultat inversé, qui part du résultat pour remonter à la source des bénéfices (cf. page 157,

« Premièrement, commencer par un compte de résultat inversé »). Au lieu de partir d'une estimation des recettes et de descendre dans le compte de résultat pour en déduire les bénéfices, nous commençons par les *bénéfices requis*. Puis nous remontons dans les charges et les produits pour déterminer quelles recettes il faudra dégager pour obtenir les bénéfices requis et quels coûts sont admis. Le principe consiste à imposer une démarche concernant les recettes et les coûts en intégrant dès le début la notion de rentabilité : les bénéfices requis sont égaux aux recettes nécessaires moins les coûts admissibles.

En 1988, la direction de Kao aurait pu démarrer avec les chiffres suivants : chiffre d'affaires net, environ 500 milliards de yens ; recettes avant impôts, environ 40 milliards de yens ; et rendement du chiffre d'affaires, 7,5 %. Compte tenu de ces chiffres, quel doit être le potentiel de rentabilité de la production de disquettes pour mériter l'attention de Kao ? Chaque entreprise se fixe ses propres limites. Nous pensons qu'un projet stratégique doit pouvoir augmenter les bénéfices globaux d'au moins 10 %. En outre, pour compenser le risque accru, il doit offrir une meilleure rentabilité que celle obtenue par le simple investissement dans les activités existantes. Pour revenir à notre exemple, supposons que Kao exige une prime de risque de 33 % de rentabilité supplémentaire. Le rendement du chiffre d'affaires de Kao étant de 7,5 %, elle exigera 10 %.

Dans le cas de Kao, le bénéfice requis serait donc de 4 milliards de yens (10 % de 40 milliards). Pour atteindre 4 milliards de yens de bénéfices avec un rendement du chiffre d'affaires de 10 %, il faut un chiffre d'affaires de 40 milliards de yens.

Malgré des produits de qualité supérieure, Kao devra donc avoir une politique de prix compétitive pour gagner des parts sur un marché où elle n'a pas encore sa place, et fixer un prix de 160 yens l'unité. Il lui faudra donc vendre 250 millions de disquettes (40 milliards de yens de chiffre d'affaires divisés par 160 yens l'unité). En fixant ces simples critères de résultat dès le début (en 1988), nous établissons rapidement à la fois l'échelle et la portée du projet : Kao devra remporter 25 % du marché mondial total des OEM (25 % de 1 milliard de disquettes) d'ici à 1993. Kao doit être prête à affronter dès le début la concurrence internationale, prenant de grands engagements non seulement dans la fabrication mais aussi dans la commercialisation.

Appliquer rétrospectivement le planning par la découverte au succès de l'entrée de Kao sur le marché des disquettes en 1988, illustre le fonctionnement de cet outil.

En continuant à remonter dans les charges et les produits, nous calculons ensuite les coûts admissibles : si Kao doit prendre une marge de 10 % sur un prix de 160 yens l'unité, le coût total de fabrication, de vente et de distribution des disquettes à l'échelle mondiale ne devra pas dépasser 144 yens l'unité. Le rendement du chiffre d'affaires indique immédiatement que l'enjeu du projet sera de comprimer les dépenses.

Les spécifications pro forma et la liste des hypothèses

La deuxième démarche consiste à construire des spécifications pro forma définissant les activités nécessaires pour produire, vendre et livrer le produit ou le service au client. Ces activités englobent les coûts admissibles du projet. Pour commencer, les spécifications peuvent être modélisées sur un simple tableau ne nécessitant rien de plus que quelques coups de téléphone ou recherches sur Internet pour collecter les données fondamentales. Par la suite, il est possible d'identifier et de vérifier les hypothèses sous-jacentes en étoffant et en corrigeant constamment le modèle à la lumière des nouvelles informations. Lorsqu'une entreprise emploie cette approche cumulative, les défauts majeurs d'un concept deviennent rapidement évidents, ce qui permet d'abandonner les mauvais concepts bien avant d'avoir opéré d'importants investissements.

Il nous paraît essentiel d'utiliser les normes industrielles en vigueur pour construire une image réaliste de ce qu'une activité doit être pour être concurrentielle. Chaque secteur a ses propres contraintes – qui déterminent les taux de rentabilité standard du secteur – ainsi que des critères de performance standard tels que le rendement des actifs par rapport au chiffre d'affaires, les marges bénéficiaires du secteur, le taux d'exploitation des usines, etc. Dans un environnement concurrentiel de dimension mondiale, aucun dirigeant sensé ne doit s'attendre à échapper aux standards fixés par le secteur. Ces normes sont disponibles auprès des analystes financiers et des services d'information sur les entreprises. Dans les pays où ces sources d'information sont peu développées, les paramètres sectoriels majeurs sont encore utilisés par les banques d'investissement et, plus précisément par les banques commerciales spécialisées dans les prêts au secteur concerné. Pour les nouveaux secteurs, le mieux est d'adapter les normes des secteurs voisins.

Vous remarquerez que nous ne commençons ni par une analyse complexe des attributs du produit ou du service, ni par une étude de marché approfondie. Cela vient plus tard. Au départ, nous essayons simplement de recenser les hypothèses inhérentes au projet. La démarche de base consiste à formuler de manière claire et réaliste les points sur lesquels le projet va devoir se conformer aux normes sectorielles existantes, à identifier le ou les deux domaines où les dirigeants comptent exceller, et à définir comment ils comptent s'y prendre.

En 1988, les dirigeants de Kao auraient pu examiner les performances de l'industrie des disquettes. Rien ne permet de penser que Kao puisse mieux exploiter les équipements de production standards que ses concurrents déjà solidement implantés. La société pourrait donc prévoir de s'aligner sur les performances du secteur ainsi que sur les critères de taux d'exploitation des équipements. Kao aurait établi, par exemple, que la capacité de production réelle par chaîne de production était de 25 disquettes par minute et que la durée de vie réelle de l'équipement de production était de trois ans. L'atout de Kao est la chimie et la physique des surfaces, ce qui pourrait lui permettre d'améliorer la qualité, de réduire le coût des matériaux, et donc d'augmenter ses marges. Lorsque Kao évalua ses coûts en matériaux, elle aurait pu vouloir transformer cet atout en un défi spécifique à la fabrication et réduire la norme sectorielle de 25 %. La définition des défis opérationnels est une étape importante du planning par la découverte. Notre expérience nous a montré que les bons concepteurs et les bons opérationnels peuvent être galvanisés par des défis clairement formulés. Ce fut le cas chez Canon, par exemple, lorsque Keizo Yamaji chargea les ingénieurs de mettre au point un photocopieur exigeant un entretien minimum et coûtant moins de 1 000 dollars. Les ingénieurs de Canon se montrèrent à la hauteur du défi.

Une entreprise peut confronter ses hypothèses initiales à son expérience dans des situations similaires, aux conseils des experts du secteur ou à des sources d'information écrites. L'objectif n'est pas d'exiger la précision maximum, mais de construire un modèle économique et logistique raisonnable et d'évaluer l'ampleur des défis. Par la suite, l'entreprise peut analyser les points sur lesquels le plan semble le plus vulnérable aux hypothèses erronées et faire de nouvelles vérifications. Les interlocuteurs de l'industrie – banquiers, fournisseurs, clients potentiels et distributeurs – peuvent souvent procurer à peu de frais des informations d'une précision étonnante.

Dégager les hypothèses implicites permet à l'entreprise de tester leur validité avant de s'engager de manière irréversible dans un nouveau projet à risque.

L'entreprise doit avoir une idée des activités et des fonctions nécessaires pour assurer le fonctionnement de la nouvelle activité. Et elle doit être capable de faire face à ses coûts. Dans les spécifications pro forma, nous demandons donc combien de commandes sont nécessaires pour vendre 250 millions d'unités ; puis combien d'appels commerciaux il faudra pour que ces commandes soient confirmées ; et combien de commerciaux il faudra pour passer ces appels téléphoniques, sachant qu'ils s'adressent au marché mondial des OEM ; et enfin combien coûtera la rémunération de la force de vente (cf. page 158, « Deuxièmement, définir toutes les activités nécessaires au fonctionnement du projet »). Chaque hypothèse peut être vérifiée, d'abord approximativement, puis avec de plus de plus de précision. Les lecteurs ne seront peut-être pas d'accord avec nos premières estimations. Ils en ont le droit – tout comme la Kao Corporation. Les désaccords stimulent la discussion et certainement aussi les ajustements. Le document en cours de développement atteint son but s'il devient le catalyseur de telles discussions.

La troisième démarche du planning par la découverte consiste à dresser une liste d'hypothèses garantissant que chaque hypothèse est formulée, débattue et vérifiée au fur et à mesure des avancées du projet (cf. page 160, « Troisièmement, recenser toutes les hypothèses »).

La démarche est ensuite résumée dans un nouveau compte de résultat inversé, qui révèle si la proposition est cohérente (cf. page 162, « Quatrièmement, rectifier le compte de résultat inversé »). Si ce n'est pas le cas, le processus doit être répété jusqu'à ce que les exigences de performance et les normes sectorielles soient respectées ; sinon, le projet doit être abandonné.

Une planification balisée. Les méthodes de planning conventionnelles ont tendance à faire se concentrer les dirigeants sur le respect du plan, ce qui est généralement un objectif impossible pour un projet bâti sur un grand nombre d'hypothèses. En outre, c'est contre-productif – en réalité, insister sur le respect du plan gêne l'apprentissage. Les dirigeants peuvent prévoir formellement d'apprendre en utilisant des bornes pour vérifier les hypothèses.

La planification balisée est désormais une technique bien connue de suivi de la progression des nouveaux projets à risque. Son principe a été décrit par Zenas Block et Ian C. MacMillan dans leur ouvrage *Corporate Venturing* (*Harvard Business School Press*, 1993). Il consiste à repousser les engagements financiers majeurs jusqu'à ce qu'une borne signale que le risque encouru par le passage à l'étape suivante est justifié. Ce que nous proposons ici, c'est une utilisation large de l'outil pour faciliter la démarche de transformation des hypothèses en connaissances.

Revenons à ce que Kao aurait pu penser en 1988. Souvenons-nous que le projet des disquettes exigeait un investissement de 40 milliards de yens, uniquement en immobilisations. Avant d'investir une telle somme, Kao aurait certainement voulu avoir les moyens de vérifier les hypothèses décisives relatives aux trois défis majeurs du projet :

- s'emparer de 25 % de parts du marché mondial grâce à une baisse des prix de 20 yens par disquette et grâce à une qualité supérieure ;
- assurer au moins la même productivité des actifs que la concurrence et produire une disquette à 90 % des coûts estimés de la concurrence ;
- utiliser des meilleures matières premières et une technologie des surfaces éprouvée pour produire des disquettes de qualité supérieure pour 20 yens l'unité au lieu des 27 yens en vigueur dans l'industrie.

Dans le cas de défis majeurs tels que ceux-ci, il peut valoir la peine de créer des bornes spécifiques pour vérifier les hypothèses avant de lancer un projet de 40 milliards de yens. Kao pourrait, par exemple, sous-traiter la production d'un prototype afin que les OEM puissent effectuer des tests techniques sur la disquette proposée. Si les prototypes passent les tests avec succès, alors, au lieu de postuler qu'elle peut atteindre une activité conséquente au prix cible, Kao pourrait d'abord sous-traiter la production d'un lot de disquettes. Elle pourrait ainsi tester l'intérêt porté par le marché des OEM à une baisse des prix pratiquée par un nouveau venu.

De la même manière, pour tester sa capacité à faire face aux deuxième et troisième défis une fois le prototype mis au point, Kao pourrait racheter un petit fabricant de disquettes et mettre en œuvre la technologie dans une usine existante plutôt que d'essayer tout de suite d'implanter une usine nouvelle. Puis, après avoir démontré qu'elle était capable de produire des disquettes en respectant les exigences de qualité et de coût dans cette petite usine, elle pourrait poursuivre à grande échelle dans ses propres usines.

Les bornes de vérification des hypothèses sont décrites page 163 sous le titre « Et enfin, prévoir des bornes de vérification des hypothèses », où l'on voit également quelques-unes des autres bornes typiques de la plupart des grands projets. Les hypothèses à vérifier à chaque borne sont indiquées avec le numéro qui leur est attribué dans la liste des hypothèses.

Dans la pratique, il est conseillé de désigner un gardien des hypothèses – quelqu'un dont la mission est d'assurer que les hypothèses sont vérifiées et mises à jour à chaque fois qu'une borne est franchie, et que de nouvelles hypothèses sont intégrées aux itérations successives des quatre documents de planning par la découverte. Sans la présence d'une personne affectée à ce suivi, il est fort peu probable que des individus, plongés jusqu'au cou dans le stress du projet, soient capables de coordonner la mise à jour.

Le planning par la découverte est un outil performant pour tout projet stratégique majeur truffé d'incertitudes – nouveaux projets de produit ou de marché, développement technologique, *joint-ventures*, alliances stratégiques, et même restructurations majeures. Contrairement au planning par l'expérience, dans lequel beaucoup d'éléments sont connus, le planning par la découverte oblige les dirigeants à formuler ce qu'ils ne savent pas et impose une démarche d'apprentissage. Cet outil de planning stratégique a donc pour objectif d'augmenter la visibilité des incertitudes décisives communes à tous les nouveaux projets à risque et d'aider les dirigeants à les affronter au coût le plus bas possible.

Comment Kao aurait-elle pu aborder son nouveau projet : le planning par la découverte à l'œuvre

Premièrement, commencer par un compte de résultat inversé

L'objectif est ici de déterminer rapidement les objectifs de réussite. Si le projet n'est pas payant, il n'en vaut peut-être pas la peine.

Chiffres globaux

Bénéfices requis pour augmenter les bénéfices globaux de 10 % = 4 milliards de yens

Recettes nécessaires pour assurer une marge de 10 % = 40 milliards de yens

Coûts admissibles pour assurer une marge de 10 % = 36 milliards de yens

Chiffres à l'unité

Ventes requises à 160 yens l'unité = 250 millions d'unités

Pourcentage nécessaire de la part de marché mondial des ventes aux OEM = 25 %

Coûts admissibles à l'unité pour une marge de 10 % = 144 yens

Deuxièmement, définir toutes les activités nécessaires au fonctionnement du projet

Spécifications pro forma

1. Ventes

Ventes requises = 250 millions de disques

Taille moyenne des commandes (Hypothèse 8) = 10 000 disquettes

Commandes requises (250 millions/10 000) = 25 000

Nombre d'appels pour conclure une vente (Hypothèses 9) = 4

Appels requis (4 x 25 000) = 100 000 par an

Appels par jour et par commercial (Hypothèse 10) = 2

Nombre de journées de commerciaux (100 000/2) = 50 000

Force de vente, à raison de 250 jours par an (Hypothèse 11) (50 000 journées de commerciaux/250) = 200 personnes

Salaire par commercial = 10 millions de yens (Hypothèse 12)

Coût total des salaires des commerciaux (10 millions de yens x 200) = 2 milliards de yens

2. Fabrication

Objectif de qualité de la surface des disquettes : 50 % de défauts en moins que le meilleur concurrent (Hypothèse 15)

Capacité de production annuelle par chaîne =
25 par minute x 1 440 minutes par jour x 348 jours (Hypothèse 16) = 12,5 millions de disquettes

Chaînes de production requises (250 millions de disquettes/12,5 millions de disquettes par chaîne) = 20 chaînes

Personnel de production (30 par chaîne [Hypothèse 17] x 20 chaînes) = 600 ouvriers

Salaire par ouvrier = 5 millions de yens (Hypothèse 18)

Total des salaires de production (600 x 5 millions de yens) = 3 milliards de yens

Coûts de matériaux par disquette = 20 yens (Hypothèse 19)

Total des coûts de matériaux (20 x 250 millions de disquettes) = 5 milliards de yens

Conditionnement de 10 disquettes = 40 yens (Hypothèse 20)

Total des coûts de conditionnement (40 x 25 millions d'emballages) = 1 milliard de yens

3. Livraison

Conteneurs requis par commande de 10 000 disquettes = 1 (Hypothèse 13)

Coût de livraison par conteneur = 100 000 yens (Hypothèse 14)

Total des coûts de livraison (25 000 commandes x 100 000 yens) = 2,5 milliards de yens

4. Equipement et amortissement

Investissement en immobilisations sur les ventes = 1:1 (Hypothèse 5) = 40 milliards de yens

Durée de vie des équipements = 3 ans (Hypothèse 7)

Amortissement annuel (40 milliards de yens/3 ans) = 13,3 milliards de yens

Troisièmement, recenser toutes les hypothèses

Dresser cette liste est une démarche importante pour s'assurer que chaque hypothèse est formulée et vérifiée au fur et à mesure des avancées du projet.

Hypothèse	**Mesure**
1. Marge bénéficiaire	10 % des ventes
2. Recettes	40 milliards de yens
3. Prix de vente unitaire	160 yens

4. Marché mondial des OEM en 1993	1 milliard de disquettes
5. Investissement en immobilisations sur les ventes	1:1
6. Capacité de production réelle par chaîne	25 disquettes la minute
7. Durée de vie réelle des équipements	3 ans
8. Taille moyenne des commandes des OEM	10 000 disquettes
9. Appels commerciaux par commande des OEM	4 appels par commande
10. Appels par commercial et par jour	2 appels par jour
11. Jours de vente par année	250 jours
12. Salaire annuel d'un commercial	10 millions de yens
13. Conteneurs requis par commande	1 conteneur
14. Coût de livraison par conteneur	100 000 yens
15. Niveau de qualité requis pour décider les clients à changer de fournisseur : pourcentage de défauts en moins par disquette par rapport au principal concurrent	50 %

16. Jours de production par an	348 jours
17. Ouvriers par ligne de production et par jour (10 par chaîne en 3/8)	30 par chaîne
18. Salaire annuel d'un ouvrier de production	5 millions de yens
19. Coûts de matériaux par disquette	20 yens
20. Coûts de conditionnement de 10 disquettes	40 yens
21. Coûts de gestion admissibles (cf. ci-dessous, le compte de résultat inversé revu et corrigé)	9,2 milliards de yens

Quatrièmement, rectifier le compte de résultat inversé

Et maintenant, munis de données plus complètes, voyons si l'ensemble de la proposition est valable.

Marge requise	10 % de rendement du chiffre d'affaires
Bénéfice requis	4 milliards de yens
Recettes nécessaires	40 milliards de yens
Coûts admissibles	36 milliards de yens
Salaires de la force de vente	2 milliards de yens
Salaires de la fabrication	3 milliards de yens
Matériaux des disquettes	5 milliards de yens

Conditionnement	1 milliard de yens
Livraison	2,5 milliards de yens
Amortissement	13,3 milliards de yens
Coûts de gestion admissibles et frais généraux	9,2 milliards de yens (Hypothèse 21)

Chiffres à l'unité

Prix de vente	160 yens
Total des coûts	144 yens
Coûts des matériaux	20 yens

Et enfin, prévoir des bornes de vérification des hypothèses

Borne – ou événement :	**Hypothèses à vérifier**
1. Recherche initiale de données et analyse préliminaire de faisabilité	4 : Marché mondial des des OEM en 1993 8 : Taille moyenne des commandes des OEM 9 : Appels commerciaux par commandes d'OEM 10 : Appels commerciaux par vendeur et par jour 11 : Commerciaux nécessaires pour 250 jours de vente par an

	12 : Salaire annuel d'un commercial
	13 : Conteneurs nécessaires par commande
	14 : Coût de livraison par conteneur
	16 : Jours de production par an
	18 : Salaire annuel d'un ouvrier de la fabrication
2. Production de lots de prototypes	15 : Qualité pour décider les clients à changer de fournisseur
	19 : Coûts de matériaux par disquette
3. Tests techniques par les clients	3 : Prix de vente unitaire 15 : Qualité pour décider les clients à changer de fournisseur
4. Sous-traitance de la production	19 : Coûts de matériaux par disquette
5. Chiffre d'affaires de la production sous-traitée	1 : Marge bénéficiaire 2 : Recettes 3 : Prix de vente unitaire
	8 : Taille moyenne des commandes des OEM

9 : Appels commerciaux par commande d'OEM

10 : Appels commerciaux par vendeur et par jour

12 : Salaire annuel d'un commercial

15 : Qualité pour faire changer les clients

Première publication en juillet – août 1995
Traduit par Florence Paban pour les Éditions d'Organisation
Réédition 95406

Les auteurs tiennent à remercier Shiuchi Matsuda, de l'Unité de recherche sur les entreprises de l'Université de Waseda, pour les informations concernant le projet de Kao.

La prise de décision
Avancer à reculons

Hillel J. Einhorn et
Robin M. Hogarth

Résumé des points essentiels

Toute décision concerne l'avenir. Toutefois décider des actions à mener et de la manière de procéder fait automatiquement appel à l'expérience passée. Pour regarder devant soi, il faut regarder derrière soi. Nous le faisons naturellement, sans même y penser. Pourtant, mieux connaître la direction que prend la réflexion peut contribuer à éviter les pièges mentaux qui débouchent sur de mauvaises décisions.

Les rapports sexuels provoquent-il la grossesse ? Les taches solaires expliquent-elles les fluctuations boursières ? La lumière du jour fait-elle se lever le soleil ? Réfléchir au passé est un processus intuitif et diagnostique qui consiste à rechercher des modèles, à émettre des jugements qui établissent des liens entre les événements, et à trouver des métaphores et des théories qui permettent d'expliquer les causes et les effets.

Mesurer des variables et établir des évaluations et des prévisions en conséquence est une manière de regarder devant soi. Pour mettre au point divers projets alternatifs, on évalue les différents scénarios possibles. Y a-t-il un risque de récession ? Comment y faire face ?

Le meilleur moyen de réfléchir au passé est d'utiliser plus d'une métaphore pour décrire une situation, de résister à la tentation de conclure à une cause à partir d'un seul indice, et parfois de rechercher une cause inattendue pour expliquer un effet.

Le meilleur moyen de réfléchir à l'avenir est d'apprendre à utiliser et à faire confiance aux modes de calcul et aux modèles que les ordinateurs utilisent, par exemple, davantage que vous-même. Les modèles commettent des erreurs, mais vous pouvez en faire bon usage en comprenant le type d'erreurs qu'ils peuvent faire et en les compensant.

Chaque jour, les dirigeants d'entreprise doivent analyser de multiples situations et prendre des centaines de décisions. Pourquoi, par exemple, les ventes sont-elles en progression dans une ville et en baisse dans une autre ? L'achat d'un nouvel équipement pourrait-il augmenter la productivité ou risquerait-il de semer la confusion ? Le moment est-il bien choisi pour chercher un partenaire pour une *joint-venture*, ou vaut-il mieux attendre ? Et pourtant, il est rare de prendre le temps de réfléchir à notre manière de réfléchir. Chaque décision est l'aboutissement d'un processus complexe qui implique généralement deux types de réflexion : regarder derrière soi pour comprendre le passé, et regarder devant soi pour prévoir l'avenir.

Réfléchir au passé est un processus essentiellement intuitif et suggestif qui a tendance à être diagnostique et qui nécessite un certain discernement. Il oblige à rechercher des modèles, à établir des liens entre des événements apparemment sans rapport, à tester de possibles relations de cause à effet pour expliquer un événement, et à trouver une métaphore ou une théorie pour mieux regarder devant soi.

Réfléchir à l'avenir est un processus différent. Ce n'est pas un processus intuitif. Il repose sur une sorte de formule mathématique : le décideur doit rassembler et mesurer un certain nombre de variables, puis établir une prévision. Pour parvenir à une prévision unique et complète, il utilise une stratégie ou une règle, évalue l'exactitude de chaque facteur, et combine tous les éléments d'information.

Les dirigeants d'entreprise utilisent à tout moment ces deux types de réflexion, tout en n'étant souvent pas conscients de leurs différences, ce qui les entraîne dans des pièges mentaux à l'origine de mauvaises décisions. En comprenant ces deux processus de réflexion, nous reconnaîtrons ces pièges et prendrons de meilleures décisions.

Réfléchir au passé

Pour comprendre comment fonctionne ce processus, prenons l'exemple de l'homme des cavernes pour effectuer un exercice d'évaluation d'un lien de causalité. Imaginez que vous appartenez à une tribu qui possède une méthodologie évoluée, mais dont les sciences sont encore au stade primitif. Vous avez une très faible connaissance de la biologie, de la physique et de la chimie, mais vous avez un très grave problème – une diminution alarmante du taux de natalité. Le cas est tellement sérieux que le statisticien de la tribu estime que si vous ne parvenez pas à inverser la tendance rapidement, votre tribu s'éteindra.

Pour faire face à cette crise, votre chef lance en urgence un projet en vue de déterminer la cause de la natalité. Vous faites partie de l'équipe chargée d'établir un lien de cause à effet, et vous avez reçu l'assurance d'être autorisé à pratiquer toute forme d'expérimentation, y compris sur les autres membres de la tribu, pour résoudre ce problème critique.

La première question consiste naturellement à déterminer ce qu'il faut considérer comme un facteur causal pertinent. Vous pourriez faire comme la plupart des personnes qui, lorsqu'elles cherchent à établir un lien de cause à effet, commencent généralement par examiner certaines situations ou événements inhabituels ou marquants ayant précédé l'effet. Dans ce cas, vous pourriez vous demander si quelque chose d'inhabituel s'est produit avant le déclin de la natalité. Vous pourriez également chercher la cause d'un événement similaire – similaire au sens physique ou métaphorique. Puis vous pourriez évaluer la probabilité selon laquelle cette cause pourrait rendre compte de votre problème.

Vous pourriez observer que les enfants de la tribu ressemblent aux hommes et aux femmes qui vivent ensemble. Cette ressemblance pourrait vous mettre sur la voie d'une intuition : les rapports sexuels seraient-ils à l'origine de la grossesse ? Les membres de votre équipe et vous-même reconnaitriez toutefois que rien ne prouve, ni n'étaie cette théorie. Premièrement, il existe un délai entre la cause et l'effet – de neuf mois exactement. Deuxièmement, vous n'avez aucune idée de la séquence des processus biologiques qui lient les rapports sexuels à la grossesse, à savoir de la chaîne causale. Troisièmement, la cause et l'effet ont une ampleur et une durée très différentes. Et quatrièmement, il est difficile d'exclure un certain nombre d'autres facteurs susceptibles d'être liés aux rapports sexuels – s'asseoir sous un palmier et se tenir la main un soir de pleine lune, par exemple.

Il n'existe qu'un seul moyen de régler la question et de sauver la tribu de l'extinction : il faut pratiquer une expérience. Sur un échantillon de 200 couples, 100 auront des rapports, et 100 testeront l'absence de rapports. Au bout d'un certain temps, vous obtenez les résultats suivants : sur les 100 couples ayant eu des rapports, 20 des femmes sont enceintes et 80 ne le sont pas ; et sur les 100 ayant fait abstinence, 5 femmes sont enceintes et 95 ne le sont pas. (Ces cinq grossesses représentent une marge d'erreur relativement typique pouvant être mise sur le compte d'une mémoire défaillante, d'un mensonge ou d'une faiblesse humaine.)

Muni de ces résultats, vous calculez la corrélation entre les rapports sexuels et la grossesse. Elle est de 0,34. Ce chiffre est modeste. Vous en concluez que les rapports sexuels ne sont pas un facteur majeur de la grossesse. Vous écartez donc votre théorie et partez en quête d'une autre. Après tout, faudrait-il chercher du côté de la théorie du palmier ?

Trois pas en arrière

Cet exemple illustre les trois phases de la réflexion sur le passé : trouver des variables pertinentes, les relier entre elles à l'aide d'une chaîne causale, et évaluer la plausibilité de la chaîne.

La recherche d'une explication débute souvent lorsque nous nous apercevons que quelque chose est différent, inhabituel ou incorrect. Il faut généralement un événement inattendu pour aiguiser notre curiosité – il est rare que nous cherchions à comprendre pourquoi nous nous sentons « normaux » ou pourquoi la circulation est « normale ». Dans le cas de nos hommes des cavernes, la diminution du taux de natalité est à la fois inhabituelle et inquiétante. Elle appelle par conséquent une action curative.

L'étape suivante consiste à rechercher un facteur causal pertinent, à se concentrer sur un événement anormal qui présente certaines similitudes avec le résultat inattendu : même ampleur, même durée et simultanéité. La plupart des individus pensent que les mêmes causes produisent les mêmes effets. Selon la « doctrine des signatures » adoptée aux débuts de la médecine occidentale, par exemple, les maladies sont provoquées ou traitées par des substances qui leur ressemblent physiquement. Ainsi, le médicament contre la jaunisse serait jaune. Aussi étrange que cela puisse paraître, il est difficile d'imaginer comment rechercher des variables sans rechercher certaines similitudes entre la cause et l'effet.

La recherche de similitudes implique souvent l'analogie et la métaphore. Pour tenter de comprendre comment fonctionne le cerveau humain, par exemple, nous pouvons imaginer que c'est un ordinateur, un muscle ou une éponge. Chaque métaphore suggère un mode de représentation des processus mentaux. L'ordinateur suggère la saisie, le stockage, la récupération et le traitement de données. Le muscle suggère la montée en puissance par l'utilisation, ou la perte de puissance consécutive à une atrophie ou à un abus. Quant à l'éponge, elle suggère l'absorption passive d'informations. La métaphore que nous choisissons pour décrire le cerveau – ou pour comprendre tout lien de cause à effet – est déterminante, car elle oriente l'attention vers un mode de réflexion.

La recherche de variables causales pertinentes va de pair avec la prise en compte d'indicateurs, ou de « signaux de causalité », qui suggèrent un probable lien de cause à effet. Ces signaux se classent en quatre catégories : ordre temporel (les causes précèdent les effets), proximité (les causes sont généralement proches des effets dans le temps et dans l'espace), corrélation (les causes ont tendance à évoluer avec les effets), et similitude (les causes peuvent ressembler aux effets par analogie et métaphore, ou en durée et en force).

Ces signaux de causalité ne sont pas nécessairement la preuve d'un lien de cause à effet. Ils indiquent toutefois dans quelles directions rechercher des variables pertinentes et limitent le nombre de scénarios ou de chaînes que l'on peut construire entre les causes possibles et leurs effets supposés.

Quelle est la probabilité, par exemple, que les taches solaires provoquent des fluctuations sur le marché boursier ? Avant d'écarter ce que vous pensez être une hypothèse absurde, songez que William Stanley Jevons, éminent économiste du XIXe siècle, croyait en ce lien. Pour l'établir, il faut constituer une chaîne causale qui répond à diverses exigences. Supposons qu'à un moment donné, certaines taches solaires se produisent avant les fluctuations boursières (l'ordre temporel est correct), que lorsque le soleil a produit des taches solaires, il y a eu de nombreuses variations des cours (la corrélation est positive), et que ces fluctuations boursières se sont produites six mois après la survenue des taches solaires (la proximité dans le temps est assez faible). Il faut combler l'écart spatio-temporel entre les taches solaires et les fluctuations de prix. En cas d'impossibilité, vous ne pouvez pas prouver de lien causal.

Considérons maintenant la chaîne suivante : les taches solaires influent sur les conditions climatiques, qui influent à leur tour sur la production agricole, qui affecte la situation économique, elle-même affectant les bénéfices, et donc les cours boursiers. Les signaux de causalité restreignent les liens possibles. Cette contrainte est particulièrement importante pour l'évaluation du signal d'ordre temporel : pour qu'un événement en provoque un autre, il doit le précéder.

Mais les signaux de proximité spatio-temporelle, de pertinence, et de durée et de solidité du lien de causalité restreignent eux aussi le lien. Le seul moyen de combler les écarts spatio-temporels entre les taches solaires et les fluctuations boursières est de rechercher un changement climatique.

Imaginons toutefois que les fluctuations boursières se produisent immédiatement après les taches solaires, et non six mois plus tard. La proximité temporelle entre les deux événements supprime le lien entre le climat et cette situation économique, qui nécessite un certain délai. Pour établir le lien entre les taches solaires et les variations boursières, il vous faudra trouver un autre scénario où la proximité temporelle est réelle.

Un autre critère que suggèrent les signaux de causalité est celui du manque de pertinence – à savoir que de petites causes produisent de grands effets, ou que de grandes causes produisent de petits effets. Pour prendre en compte ces dissemblances apparentes, le lien causal doit comprendre une forme d'amplification dans le premier cas, et une forme d'atténuation dans le second. Lorsque Louis Pasteur avança sa théorie des germes au XIXe siècle, par exemple, ses contemporains l'ont certainement jugée incroyable sur la seule base du critère du manque de pertinence. Comment de minuscules créatures invisibles pouvaient-elles provoquer des maladies, des épidémies et même la mort ? En l'absence d'information scientifique, ils ne voyaient aucun lien causal capable d'amplifier des causes aussi minuscules pour obtenir des effets aussi énormes.

Mieux réfléchir au passé

Plusieurs approches permettent de mieux exploiter la réflexion sur le passé dans la prise de décision :

1. *Employer plusieurs métaphores.* La réflexion sur le passé étant à la fois intuitive et rapide, la plupart des individus sont capables de produire une métaphore rapidement et de l'étendre à une chaîne causale plus large. Mais toutes les métaphores sont imparfaites. Lorsque nous les utilisons, il est important de se souvenir qu'il y a toujours un décalage entre la réalité et sa représentation.

   L'utilisation de plusieurs métaphores peut nous éviter d'adopter prématurément un seul et unique modèle. Au lieu de se concentrer sur une seule métaphore, expérimentons-en plusieurs. Voyons, par exemple, les différentes manières de considérer des organisations complexes telles que les écoles supérieures de gestion. Chaque métaphore met en évidence l'une des dimensions du sujet. On peut les voir comme des écoles de dernier cycle, où les étudiants viennent terminer leurs études avant d'entrer dans la vie active ; comme des écoles militaires, où les étudiants se préparent à la guerre économique ; comme des monastères, où ils sont endoctrinés à la théologie économique ; comme des usines à diplômes, où ils obtiennent des certificats ; ou encore comme des ateliers, où ils sont armés pour accomplir des tâches spécifiques.

   Chaque métaphore illustre un aspect différent, un mode de réflexion différent. Aucune métaphore n'est à elle seule satisfaisante. Mais réunies, elles fournissent une image plus complète.

2. *Ne pas se fier à un seul signal.* Déduire un lien de causalité à partir d'un seul signal induit généralement de graves erreurs. En se fiant à un seul critère, les hommes des cavernes détournèrent leur attention de la véritable cause de la grossesse. La corrélation n'implique pas automatiquement la causalité, pas plus que la causalité n'implique forcément la corrélation.

3. *Aller parfois à l'encontre des signaux.* Le grand avantage des signaux est qu'ils structurent nos perceptions et nous aident à interpréter les informations ambiguës. Mais il existe un compromis entre cette structure et la nouveauté ou l'originalité. Les signaux nous aident en attirant notre attention sur ce qui est évident et en limitant le choix des interprétations. Mais la caractéristique des idées brillantes est qu'elles nous surprennent. L'un des moyens de promouvoir la pensée créative est donc d'aller à l'encontre des signaux. Lorsque vous cherchez une explication à un événement complexe, recherchez parfois une cause simple ou dissemblable plutôt qu'une cause complexe ou semblable.

4. *Évaluer les chaînes de causalité.* Le meilleur moyen de vérifier les causes et les effets potentiels est d'utiliser une chaîne de causalité, tout en sachant que la solidité varie d'une chaîne à l'autre. La chaîne reliant, par exemple, les taches solaires et les cours de la Bourse est fragile en raison du très grand nombre de maillons, eux-mêmes incertains. En réalité, la plupart des chaînes de causalité ne sont jamais plus solides que le plus faible de leur maillon. Et généralement, plus une chaîne est longue, moins elle est solide. Mais les études indiquent que les individus

n'en sont pas toujours conscients. Nombreux sont ceux qui jugent les scénarios complexes et détaillés beaucoup plus cohérents – et donc beaucoup plus probables – que les scénarios simples. Il est important d'évaluer ces chaînes en fonction du nombre et de la solidité de leurs maillons.

5. *Imaginer et vérifier d'autres explications.* La plupart des individus sont naturellement aptes à établir des diagnostics. L'un des inconvénients est que cela peut entraîner des superstitions qui ont la vie dure. L'histoire de la médecine en est remplie. Pendant des années, par exemple, les médecins ont pratiqué la saignée, qui était un traitement répandu et soi-disant scientifique. Nos théories économiques et commerciales les plus en vogue pourraient-elles un jour devenir aussi obsolètes que la saignée ?

Les expériences peuvent nous prémunir contre les superstitions. Pour évaluer l'efficacité de la publicité, par exemple, vous pouvez réaliser des expériences en supprimant totalement la publicité. S'il n'est pas possible d'aller jusqu'à de telles extrémités, vous pouvez utiliser des tests partiels qui vous donneront des informations très utiles. Vous pouvez, par exemple, supprimer la publicité dans certaines régions ou sur certaines périodes.

Si de telles expériences vous sont impossibles, vous pouvez encore imaginer des situations dans lesquelles l'effet se produit sans la cause supposée. Ces scénarios imaginaires vous permettent d'évaluer les liens de causalité. Vous pouvez vous demander si une campagne de publicité donnée a entraîné une augmentation des ventes. En essayant de répondre à la question suivante : « les ventes auraient-elles augmenté sans cette campagne publicitaire ? », vous pouvez avoir une estimation du lien entre les ventes et la publicité. L'expérience serait encore plus utile si vous vous posiez une seconde question : « les ventes vont-elles augmenter si nous faisons de la publicité ? ». En vous posant systématiquement ces questions, vous pouvez obtenir des informations presque aussi utiles et convaincantes qu'en pratiquant certaines expériences.

Réfléchir à l'avenir

Que nous l'admettions ou non, la plupart du temps, nous ne parvenons pas très bien à réfléchir à l'avenir avec précision. Dans des domaines aussi divers que le conseil conjugal, le prêt bancaire, les prévisions économiques et la psychologie, l'expérience montre que la plupart des prédictions humaines sont moins justes que les modèles statistiques les plus simples.

Pourtant, la plupart des individus font davantage confiance au jugement humain qu'aux modèles statistiques. Les inconvénients des derniers par rapport au premier semblent évidents. C'est du moins ce qui se dit. Mais est-ce exact ? Examinons la question de plus près.

Les modèles commettent des erreurs. L'utilisation d'un modèle formel implique des compromis ; un modèle commet des erreurs puisque c'est une abstraction qui ne peut englober toute la richesse des relations entre les variables. En revanche, le jugement humain peut parfois s'appuyer sur des idiosyncrasies difficiles, voire impossibles à modéliser.

Le jugement humain peut également induire en erreur. En revanche, contrairement aux individus, les modèles sont parfaitement cohérents ; ils ne s'ennuient jamais, et ils ne sont jamais ni fatigués, ni distraits. Les modèles ne sont jamais ni incohérents, ni hasardeux – en fait, ils peuvent même être cohérents avec une erreur. La question importante est donc de savoir quelle méthode entraîne globalement le moins d'erreurs.

On peut poser la question différemment : si nous acceptons une part d'erreur inéluctable consécutive à l'utilisation d'un modèle formel, ferons-nous globalement moins d'erreurs en utilisant le modèle que le jugement humain ? D'après les résultats des expériences psychologiques sur l'apprentissage des probabilités, la réponse est oui.

Dans le cadre de ces études, les sujets sont priés de prédire laquelle de deux ampoules – une rouge et une verte – va s'allumer. S'ils devinent juste, ils touchent une somme d'argent. S'ils se trompent, ils n'obtiennent aucune récompense. Un dispositif aléatoire commande l'allumage de l'une ou l'autre des ampoules, mais il est prévu que la rouge s'allume dans 60 % et la verte dans 40 % des cas. Les sujets prennent connaissance de ces pourcentages au cours de l'expérience.

Le résultat de ce type d'expérience est appelé *« probability matching »* : les sujets apprennent à réagir à des signaux dans la proportion de leur survenue. Dans l'expérience présente, les sujets prédisent rouge dans environ 60 %, et vert dans 40 % des cas. Et pourtant, ils n'ont pas la meilleure stratégie pour obtenir un maximum de récompenses, car ils refusent d'accepter l'erreur.

En prédisant rouge dans 60 % et vert dans 40 % des cas, ils ne peuvent espérer tomber juste que dans 52 % des cas, soit 36 % pour le rouge et 16 % pour le vert.

Que se passerait-il si les sujets prédisaient rouge, la couleur la plus probable, à chaque fois ? En adoptant une stratégie qui accepte l'erreur, ils totaliseraient 60 % de prévisions correctes, soit 8 % de plus qu'avec la stratégie qui vise la bonne réponse à chaque fois.

Les sujets empocheraient plus d'argent en acceptant l'erreur et en utilisant systématiquement un modèle mathématique simple. Mais la plupart des sujets se risquent à des prédictions parfaites et tentent en vain de découvrir une règle ou un schéma inexistant qui déterminerait l'allumage de l'une ou l'autre des ampoules. Toute similitude entre cet exemple et la spéculation boursière est pure coïncidence.

Les modèles sont statiques. Cette critique est tout simplement fausse. Les modèles peuvent et devraient être mis à jour avec les nouvelles informations au moment où celles-ci sont disponibles. On met actuellement au point des modèles qui tirent les enseignements des résultats des événements prévus. Ces travaux, quoique encore au stade préliminaire, suggèrent que les modèles peuvent tirer des leçons de l'expérience.

Concernant le jugement humain, il n'est pas évident que les individus tirent des enseignements des informations qu'ils reçoivent lorsqu'ils font des prévisions. La difficulté de l'apprentissage survient en partie lorsque l'on émet des jugements prévisionnels pour agir. Les résultats ne fournissent que des informations ambiguës sur la qualité des prévisions.

Imaginons, par exemple, que le président des États-Unis prenne des mesures massives pour remédier au ralentissement prévu de l'économie. Et maintenant, songez à quel point il peut s'avérer difficile de tirer un enseignement des différents scénarios possibles. Imaginez qu'il n'y ait pas de récession. Cela pourrait être dû soit à une prévision incorrecte et à une action inefficace, soit à une prévision correcte et à une action très efficace. Maintenant, imaginez qu'il y ait une récession. Elle pourrait être due soit à une prévision correcte et à une action inefficace, soit à une prévision incorrecte et à une action boomerang provoquant le mal qu'elle est censée prévenir. Le problème est le suivant : pour mieux connaître notre capacité prévisionnelle, il est nécessaire de faire la distinction entre la qualité des prévisions et les effets des actions qui s'appuient sur ces prévisions.

Les modèles ne valent pas leur coût. En règle générale, il est impossible d'évaluer l'argument selon lequel toute augmentation marginale de l'exactitude d'une prévision consécutive à l'utilisation des modèles ne compense pas le coût de leur élaboration. Si un modèle sert à faire beaucoup de prévisions, une amélioration même minime de leur exactitude peut être très bénéfique.

À la fin des années 70, par exemple, ATT réalisa une étude en vue de déterminer les caractéristiques des bons et des mauvais payeurs. La direction intégra les résultats dans une série de règles décisionnelles qu'elle utilisait pour sélectionner ses nouveaux clients. Lors de l'élaboration de ces règles, il y eut une période durant laquelle ATT accorda du crédit à des clients qu'elle aurait auparavant qualifié à la fois de bons et de mauvais payeurs. Ces règles furent donc validées sur tout l'éventail de caractéristiques de la clientèle. Grâce à ces règles décisionnelles, la direction enregistra une diminution annuelle estimée à 137 millions de dollars de dettes impayées. Étant donné qu'il n'existe pas d'étude chiffrée du coût de développement et de maintenance du modèle, il est difficile de croire que les économies ne justifiaient pas la dépense.

Nombre de phénomènes que nous tentons de prévoir sont complexes. Mais les règles de réflexion sur l'avenir n'ont pas nécessairement besoin de l'être autant. De nombreuses applications ne reposent que sur de simples combinaisons de quelques variables. Parfois, les règles s'appuient sur la modélisation des anciens avis d'expert, parfois simplement sur la moyenne des décisions passées, et parfois encore sur le simple assemblage de quelques variables pertinentes.

Réfléchir au passé et à l'avenir

Notre vie quotidienne est remplie d'exemples de réflexion sur l'avenir et le passé. Nous utilisons constamment les deux modes de raisonnement, séparément ou simultanément, et nous sommes sans cesse déconcertés dans nos efforts.

Si les règles ou les modèles explicites sont les meilleurs outils pour réfléchir à l'avenir, l'intuition ou les notions de causalité peuvent souvent exercer une grande influence sur nos prévisions. Lorsque les individus agissent dans des situations où les résultats dépendent de processus aléatoires, ils ont parfois l'illusion de contrôler la situation. Par exemple, ils ont tendance à croire que les billets de loterie qu'ils choisissent personnellement ont plus de chances de gagner que ceux que leur sélectionnent le buraliste.

De même, dans des situations complexes, il nous arrive de trop nous fier au planning et aux prévisions, et de sous-estimer l'importance de facteurs environnementaux aléatoires. Cette confiance peut elle aussi créer une illusion de contrôle. Le mieux est de rester sceptique vis-à-vis de toute revendication d'exactitude prévisionnelle, qu'elle vienne d'experts, de modèles, ou des deux. Souvenez-vous de la théorie des faux prophètes : pour chaque faux prophète, il existe une bonne poire.

Une importante publication sur les moyens d'améliorer les capacités prévisionnelles formula en ces termes la réflexion sur l'avenir : « toute l'astuce consiste à décider quelles variables examiner, puis à savoir comment les additionner ». Mais « l'astuce » est difficile et exige une réflexion complexe sur le passé. En fait, les informaticiens qui travaillent à l'élaboration de programmes de simulation du processus de compréhension à l'aide de l'intelligence artificielle ont eu beaucoup de mal à modéliser ce processus. L'un des derniers exemples concerne un programme de simulation du processus de compréhension des titres de journaux. Ils fournirent au programme une somme de connaissances et un ensemble de règles de réécriture des titres. « Le monde a tremblé. Le pape blessé ». Ce titre fut interprété en ces termes par l'ordinateur : « tremblement de terre en Italie. Un mort. »

L'étude psychologique du jugement et de la prise de décision s'est concentrée sur la distinction entre la réflexion sur l'avenir et la réflexion sur le passé en clarifiant leurs différences. Mais les deux modes de raisonnement sont interdépendants. Tel le dieu Janus aux deux visages, l'un regardant devant et l'autre derrière lui, notre réflexion part dans les deux directions dès lors que nous devons prendre une décision.

Première publication en janvier – février 1987
Traduit par Florence Paban pour les Éditions d'Organisation
Réédition 87107

Les technologies de rupture

Saisir la balle au bond

Joseph L. Bower et
Clayton M. Christensen

Résumé des points essentiels

L'un des scénarios les plus courants dans le monde des affaires est l'incapacité des grandes entreprises à rester en tête de leur secteur lorsque les technologies ou les marchés évoluent. Comment se fait-il que des entreprises bien implantées investissent avec dynamisme – et succès – dans les technologies nécessaires pour conserver leurs clients, sans parvenir toutefois à réaliser les investissements technologiques qu'exigeront les clients de demain ? La raison fondamentale est que les entreprises de premier plan succombent à l'un des dogmes du management les plus répandus et les plus précieux : elles restent proches de leurs clients.

Les clients exercent un pouvoir extraordinaire dans l'orientation des investissements d'une entreprise. Mais que se passe-t-il lorsqu'une nouvelle technologie émerge et que les clients la rejettent parce qu'elle ne répond pas à leurs besoins aussi efficacement que l'approche actuelle de l'entreprise ? Dans une étude menée actuellement sur l'évolution technologique, les auteurs ont découvert que les entreprises les mieux implantées sont toujours les premières de leur secteur à développer et à commercialiser de nouvelles technologies, du moment qu'elles répondent aux exigences futures de leurs clients. Toutefois, ces mêmes entreprises sont rarement les premières à commercialiser de nouvelles technologies qui ne répondent pas immédiatement aux exigences fonctionnelles de leurs principaux clients et ne s'adressent qu'à des marchés étroits ou émergents.

Pour rester à la tête de leur secteur, les chefs d'entreprise doivent pourtant être capables de repérer les technologies qui entrent dans cette seconde catégorie. Et pour développer ces technologies, ils doivent les protéger contre les processus et les incitations destinés à satisfaire les gros clients. Le seul moyen d'y parvenir est de créer des organisations totalement indépendantes de l'activité dominante.

L'un des scénarios les plus courants dans le monde des affaires est l'incapacité des grandes entreprises à rester en tête de leur secteur lorsque les technologies ou les marchés évoluent. Goodyear et Firestone sont entrés assez tardivement sur le marché du pneu radial. Xerox a laissé Canon créer le marché des petits photocopieurs. Bucyrus-Erie a laissé Caterpillar et Deere s'emparer du marché des excavateurs mécaniques. Et Sears a cédé la place à Wal-Mart.

Ce scénario d'échec a été particulièrement marquant dans le secteur informatique. IBM a dominé le marché des gros ordinateurs avant de prendre plusieurs années de retard lors de l'émergence des micro-ordinateurs, technologiquement beaucoup plus simples. Digital Equipment a dominé le marché des mini-ordinateurs grâce à des innovations telles que son architecture VAX, mais est resté presque totalement absent du marché de la micro-informatique. Apple Computer a dominé le monde de la micro-informatique et a instauré une norme de convivialité, mais n'a sorti son ordinateur portable qu'avec cinq ans de retard sur les premiers.

Comment se fait-il que des entreprises telles que celles-ci investissent avec dynamisme – et succès – dans les technologies nécessaires pour conserver leurs clients actuels, mais ne parviennent pas à opérer les investissements technologiques qu'exigeront les clients de demain ? La lourdeur bureaucratique, l'arrogance et la lassitude des cadres, une mauvaise planification et des perspectives d'investissement à court terme sont certainement tous responsables. Mais l'une des raisons fondamentales repose au cœur d'un paradoxe : les grandes entreprises succombent à l'un des dogmes du management les plus courants et les plus précieux : elles restent proches de leurs clients.

Bien que la plupart des dirigeants se plaisent à penser qu'ils contrôlent toute la situation, les clients exercent un pouvoir extraordinaire sur l'orientation des investissements des sociétés. Avant de décider de lancer une technologie, de développer un produit, de construire une usine ou d'établir de nouveaux canaux de distribution, les dirigeants doivent d'abord observer leurs clients : y sont-ils favorables ? Quelle sera la taille du marché ? L'investissement sera-t-il rentable ? Plus les dirigeants se posent ces questions et plus ils y répondent avec habileté, mieux leurs investissements épouseront les besoins de leurs clients.

Voilà pour la théorie. Mais que se passe-t-il lorsque les clients rejettent une nouvelle technologie, un concept de produit ou une manière de travailler parce qu'il ou elle ne répond pas à leurs besoins aussi efficacement que la précédente approche ? Au départ, les grands centres de photocopie qui constituaient le noyau dur de la clientèle de Xerox n'avaient pas l'usage des petits photocopieurs à vitesse de reproduction réduite. Les clients de Bucyrus-Erie ne voulaient pas d'excavateurs hydrauliques parce que au départ, ces derniers étaient trop petits et trop faibles. Quant aux gros clients commerciaux, gouvernementaux et industriels d'IBM,

Les dirigeants doivent éviter d'ignorer les nouvelles technologies sous prétexte qu'elles ne satisfont pas les besoins immédiats de leurs principaux clients.

ils ne voyaient pas l'usage immédiat des mini-ordinateurs. Dans chacun de ces cas, les entreprises écoutèrent leurs clients, leur fournirent le niveau de performance qu'ils attendaient et, au bout du compte, furent mises en péril par les technologies que leurs clients les avaient poussées à ignorer.

Nous avons rencontré ce scénario à maintes reprises lors d'une étude menée actuellement sur les grandes entreprises d'un certain nombre de secteurs ayant été confrontés à des évolutions technologiques. L'étude montre que la plupart des entreprises solidement établies et bien gérées sont toujours les premières de leur secteur à mettre au point et à commercialiser de nouvelles technologies – des améliorations progressives aux approches radicalement différentes –, du moment qu'elles répondent aux besoins en performance de leurs futurs clients. Toutefois, ces mêmes entreprises sont rarement les premières à commercialiser de nouvelles technologies qui ne répondent pas immédiatement aux besoins de leurs gros clients et qui ne s'adressent qu'à des marchés étroits ou émergents.

Les processus d'investissement rationnels et analytiques dont se sont dotées la plupart des entreprises bien gérées rendent quasiment impossible le transfert des ressources des besoins connus d'un client sur des marchés établis vers des marchés et des clients qui semblent insignifiants ou encore inexistants. Après tout, répondre aux besoins des clients existants et évincer les concurrents mobilise toutes les ressources d'une entreprise. Dans les entreprises bien gérées, les processus utilisés pour identifier les besoins de la clientèle, pour prévoir les tendances technologiques, pour évaluer la rentabilité, pour répartir les ressources entre les différentes propositions d'investissement et pour commercialiser les nouveaux produits sont centrés – pour toutes sortes de bonnes raisons – sur les clients et les marchés actuels. Ces processus sont conçus pour évincer les propositions de produits et de technologies qui ne répondent pas aux besoins des clients.

En fait, les processus et les incitations que les entreprises utilisent pour rester centrées sur leurs principaux clients fonctionnent si bien qu'ils les empêchent de repérer de nouvelles technologies importantes sur les marchés émergents. De nombreuses entreprises ont appris à leurs dépens les dangers qu'il y avait à ignorer les nouvelles technologies qui ne répondent pas initialement aux besoins de leurs gros clients. Par exemple, bien que les micro-ordinateurs n'aient pas répondu aux besoins des principaux utilisateurs de mini-ordinateurs du début des années 80, la puissance des ordinateurs de bureau a progressé beaucoup plus rapidement que les besoins des utilisateurs de mini-ordinateurs. En conséquence, les micro-ordinateurs ont rattrapé les besoins en puissance de traitement de bon nombre de clients de Wang, Prime, Nixdorf, Data General et Digital Equipment. Aujourd'hui, dans de nombreuses applications, leurs performances sont à la hauteur de celles des mini-ordinateurs. Pour les constructeurs de mini-ordinateurs, rester proches des gros clients et ignorer ce qui était initialement des technologies de bureautique peu performantes utilisées par des clients apparemment insignifiants sur des marchés émergents était une décision rationnelle – qui s'avéra toutefois désastreuse.

Les mutations technologiques qui nuisent aux entreprises solidement établies ne sont généralement pas radicalement nouvelles, ni complexes d'un point de vue technologique. Mais elles ont deux caractéristiques importantes : premièrement, elles présentent toujours un ensemble d'attributs de performance différent – qui, du moins au départ, n'a aucune valeur aux yeux des clients existants. Et deuxièmement, les attributs de performance qui ont de la valeur aux yeux des clients existants progressent si rapidement que les nouvelles technologies peuvent ensuite envahir les marchés établis. Ce n'est qu'à ce stade que les gros clients souhaitent adopter la technologie en question. Hélas, il est alors souvent trop tard. Les pionniers de la nouvelle technologie dominent déjà le marché.

Par conséquent, les cadres supérieurs doivent d'abord être capables de repérer les technologies qui semblent entrer dans cette catégorie. Puis, pour commercialiser et développer les nouvelles technologies, ils doivent les protéger contre les processus et les incitations destinés à satisfaire les clients établis. Le seul moyen d'y parvenir est de créer des organisations totalement indépendantes de l'activité principale.

Aucune industrie n'offre d'illustration plus spectaculaire du danger de suivre de trop près ses clients que l'industrie du disque dur. Entre 1976 et 1992, les performances des disques durs ont progressé à un rythme époustouflant : la taille d'un système de 100 mégaoctets (Mo) est passée de 5 400 à 8 pouces cubes, et le coût du mégaoctet a chuté de 560 à 5 dollars. C'est naturellement l'évolution technologique qui a permis ce progrès étonnant dû pour moitié à une série d'avancées radicales déterminantes pour l'amélioration des performances des disques durs, et pour moitié à des avancées plus progressives.

Ce scénario s'est répété dans bien d'autres secteurs : les grandes entreprises ont toujours été les premières de leur secteur à développer et à adopter les nouvelles technologies qu'exigeaient leurs clients – même lorsque ces technologies nécessitaient des compétences technologiques et des capacités de production radicalement différentes de celles dont elles disposaient. Malgré cette démarche technologique offensive, aucun fabricant de disques durs n'a réussi à dominer le secteur plus de quelques années. Une succession d'entreprises sont entrées sur le marché et ont acquis une position dominante avant d'être à leur tour renversées par de nouveaux venus ayant misé sur des technologies qui, au départ, ne répondaient pas aux besoins des gros clients. Conséquence, aucun des fabricants indépendants de disques durs présents en 1976 n'a survécu.

Pour expliquer ces différences d'impact de certains types d'innovations technologiques sur un secteur donné, il peut être utile d'utiliser le concept de trajectoire de performance – la vitesse à laquelle les performances d'un produit ont progressé et devraient progresser avec le temps. Presque tous les secteurs ont leur trajectoire de performance critique. Dans le cas des excavateurs mécaniques, la trajectoire critique est la progression annuelle des mètres cubes de terre extraits à la minute. Dans le cas des photocopieurs, l'une des trajectoires importantes est le nombre de copies à la minute. Dans le cas des lecteurs de disque, l'un des critères cruciaux de performance est la capacité de stockage, qui a progressé de 50 % par an en moyenne pour une taille de lecteur donnée.

Différents types d'innovations technologiques affectent, chacun à leur manière, les trajectoires de performance. D'un côté, les technologies de continuité ont tendance à maintenir un rythme d'amélioration des performances. En d'autres termes, elles donnent aux clients un plus dans les attributs auxquels ils accordent déjà de la valeur. Par exemple, les composants en couche mince des lecteurs, qui ont remplacé les traditionnelles têtes en ferrite et les disques en oxyde entre 1982 et 1990, ont permis d'accroître la densité des données stockées sur le disque. Les ingénieurs avaient repoussé les limites des performances qu'ils pouvaient tirer des têtes en ferrite et des disques en oxyde, mais les lecteurs employant ces technologies semblaient avoir atteint les limites naturelles d'une courbe en S. C'est alors qu'apparut la nouvelle technologie des couches minces, qui permit de restaurer – ou de poursuivre – la trajectoire historique d'amélioration des performances.

D'un autre côté, les technologies de rupture introduisent un ensemble d'attributs très différent de celui auquel les clients principaux accordent historiquement de la valeur, et elles obtiennent souvent de beaucoup moins bons résultats sur un ou deux points particulièrement importants à leurs yeux. En règle générale, ils rechignent à utiliser un produit de rupture dans des applications qu'ils connaissent. Au début, les technologies de rupture ont donc tendance à être employées et appréciées uniquement sur de nouveaux marchés ou dans de nouvelles applications. En fait, elles permettent généralement l'émergence de nouveaux marchés. Les premières radios à transistor de Sony, par exemple, négligeaient la haute fidélité, mais créèrent un marché pour les radios portatives en offrant un ensemble nouveau et différent d'attributs – petite taille, légèreté et portabilité.

Dans l'histoire de l'industrie du disque dur, les grandes entreprises ont trébuché à chaque étape de rupture technologique : à savoir lorsque le diamètre des lecteurs de disquette passa des 14 pouces initiaux à 8 pouces, puis à 5,25 pouces, et enfin à 3,5 pouces. Chaque nouvelle architecture offrait au marché une capacité de stockage nettement inférieure à celle qu'exigeait l'utilisateur moyen du marché. Le lecteur 8 pouces, par exemple, offrait une capacité de 20 Mo lors de son introduction, tandis qu'à la même époque, le marché primaire des lecteurs de disquettes – les gros ordinateurs – exigeait 200 Mo en moyenne. Il n'est pas étonnant que les gros constructeurs informatiques aient commencé par rejeter l'architecture 8 pouces. Conséquence, leurs fournisseurs, dont les principaux produits étaient des lecteurs 14 pouces dotés d'une capacité de plus de 200 Mo, n'ont pas poursuivi l'offensive sur les produits de rupture. Ce scénario se répéta lors de l'émergence des lecteurs de 5,25 et 3,5 pouces : les constructeurs informatiques en place les rejetèrent, les considérant inadaptés, et leurs fournisseurs de lecteurs les ignorèrent eux aussi.

Mais bien qu'offrant une moindre capacité de stockage, ces architectures de rupture créaient d'autres attributs importants – alimentation interne et petite taille (lecteurs 8 pouces) ; taille encore plus petite et moteurs pas-à-pas bon marché (lecteurs 5,25 pouces) ; robustesse, légèreté et faible consommation électrique (lecteurs 3,5 pouces). Entre la fin des années 70 et le milieu des années 80, l'avènement de ces trois lecteurs permit le développement de trois nouveaux marchés ;

respectivement, les mini-ordinateurs, les ordinateurs de bureau et les ordinateurs portables.

Les petits lecteurs représentaient certes une rupture technologique, mais chacune était technologiquement simple. En fait, dans de nombreuses grandes entreprises, des ingénieurs défendaient ces nouvelles technologies et construisaient des prototypes avec des ressources illicites en attendant que la direction donne son feu vert officiel. Pourtant, ces entreprises ne parvenaient jamais à imposer à temps ces produits dans leur entreprise et sur le marché. À chaque fois qu'une technologie de rupture émergeait, entre la moitié et les deux tiers des constructeurs solidement implantés ne parvenaient pas à lancer des modèles utilisant la nouvelle architecture – alors qu'elles réussissaient à lancer à temps leurs technologies de continuité critiques. Celles qui finissaient pas réussir à lancer de nouveaux modèles avaient généralement deux ans de retard sur les nouveaux venus – une éternité dans un secteur dont le cycle de vie des produits est souvent de deux ans. Trois vagues de nouveaux venus menèrent ces révolutions, s'emparant d'abord de nouveaux marchés, puis détrônant les grandes entreprises sur les marchés dominants.

Comment des technologies qui, à l'origine, étaient inférieures et ne satisfaisaient que de nouveaux marchés finissaient-elles par menacer de grandes entreprises sur des marchés établis ? Une fois les architectures de rupture solidement implantées sur leurs nouveaux marchés, les innovations de continuité amélioraient les performances de chaque architecture selon des trajectoires abruptes – tellement abruptes que les performances de chaque architecture répondaient rapidement aux besoins des clients des marchés établis. Le lecteur 5,25 pouces, par exemple, dont la capacité initiale de 5 Mo en 1980 n'était qu'une fraction de la capacité nécessaire au marché des mini-ordinateurs, atteignit des performances totalement compétitives sur le marché des mini-ordinateurs en 1986 et sur le marché des gros ordinateurs en 1991 (cf. le graphique « Réponse des performances des lecteurs de disquettes aux besoins du marché », page 199).

Les structures budgétaires d'une entreprise jouent un rôle crucial dans la manière d'évaluer les propositions d'innovation technologique. En général, les technologies de rupture ne paraissent pas financièrement intéressantes aux entreprises établies. Les recettes potentielles des marchés sensibles sont faibles, et il est souvent difficile d'anticiper la taille qu'atteindra à long terme les marchés de cette technologie. Par conséquent, les chefs d'entreprises concluent généralement qu'elle ne peut apporter une contribution significative à la croissance de l'entreprise et qu'elle ne justifie pas l'effort nécessaire à son développement. En outre, les entreprises établies ont souvent mis en place des structures pour satisfaire des technologies de continuité plus coûteuses que celles requises par les technologies de rupture. Par conséquent, les dirigeants se voient généralement confrontés à un dilemme lorsqu'ils doivent décider de développer ou non les technologies de rupture. Soit ils décident de se tourner vers le *bas de gamme* et d'accepter les marges bénéficiaires inférieures des marchés émergents auxquels les technologies de rupture s'adressent prioritairement. Soit ils décident de se tourner vers le *haut de*

Aucune des entreprises leaders sur le marché des disques durs ne sut tirer les conséquences des échecs de ses prédécesseurs.

gamme avec des technologies de continuité et de pénétrer des segments de marché dont les marges bénéficiaires sont considérables. (Les marges des gros ordinateurs d'IBM, par exemple, restent supérieures à celles des micro-ordinateurs). Dans les entreprises s'adressant à des marchés établis, tout processus rationnel de répartition des ressources tranchera en faveur d'une stratégie haut de gamme plutôt que bas de gamme.

Réponse des performances des lecteurs de disquettes aux besoins du marché

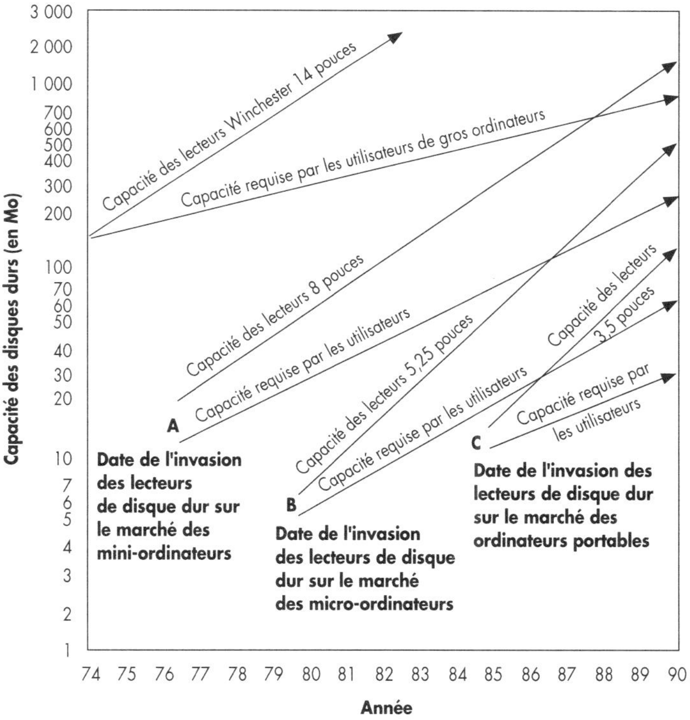

Les dirigeants des entreprises qui ont défendu les technologies de rupture sur les marchés émergents voient les choses de manière très différente. Libérées des structures coûteuses de leurs homologues établis de longue date, ces entreprises sont séduites par les marchés émergents. Une fois qu'elles ont pris pied sur les marchés et amélioré les performances de leurs technologies, elles sont attirées par les marchés établis situés au-dessus d'elles et approvisionnés par des fournisseurs à coûts élevés. Lorsque les nouveaux venus attaquent, ils trouvent des acteurs établis qui sont des proies faciles et mal préparées car ces derniers ont regardé vers le haut de gamme sans tenir compte de la menace venue d'en bas.

On serait tenté de s'en tenir là et de conclure que l'on a appris une leçon précieuse : les chefs d'entreprise peuvent éviter de manquer la vague suivante en prêtant soigneusement attention aux technologies de rupture potentielles qui ne répondent pas aux besoins des clients actuels. Mais admettre ce schéma et arriver à comprendre comment le briser sont deux choses différentes. À trois reprises, les nouveaux venus ont envahi les marchés établis avec de nouvelles technologies, mais aucun des leaders solidement implantés dans l'industrie des lecteurs ne semble avoir tiré les leçons des expériences de ceux qui sont tombés avant lui. La myopie ou l'imprévoyance des dirigeants ne peuvent expliquer seules ces défaillances. Le problème est que les dirigeants continuent à faire ce qui a marché par le passé : répondre aux besoins en progression rapide de leurs clients actuels. Les processus que les entreprises bien gérées et prospères ont mis au point pour répartir les ressources entre les différentes propositions d'investissement sont incapables de canaliser les ressources dans des programmes que les clients actuels refusent explicitement et dont les marges bénéficiaires semblent peu séduisantes.

La gestion du développement des nouvelles technologies est étroitement liée aux processus d'investissement d'une entreprise. La plupart des propositions stratégiques – en vue d'accroître la capacité ou de développer de nouveaux produits ou procédés – prennent naissance aux niveaux les plus bas des organisations, dans des équipes techniques ou des groupes de projet. Les entreprises utilisent ensuite des systèmes de planification analytique et de budgétisation pour choisir parmi les projets en compétition. Les propositions de création de nouvelles entreprises sur des marchés émergents sont particulièrement difficiles à évaluer, car elles reposent sur des estimations peu fiables de la taille du marché. Étant donné que les dirigeants sont jugés sur leur capacité à miser sur les bons projets, il n'est pas surprenant que dans les entreprises bien gérées, les cadres moyens et supérieurs soutiennent des projets pour lesquels le marché semble assuré. En restant proches de leurs gros clients, comme ils ont été conditionnés à le faire, ils concentrent les ressources sur la satisfaction des besoins des clients fiables qu'il est rentable de satisfaire. En donnant aux clients connus ce qu'ils désirent, le risque est réduit – et les carrières préservées.

L'expérience de Seagate Technology est une illustration des conséquences qu'il peut y avoir à se fier à de tels processus de répartition des ressources pour évaluer les technologies de rupture. À presque tous les égards, Seagate, entreprise de Scotts Valley en Californie, était l'une des entreprises les plus prospères et les plus dynamiques de l'histoire de la micro-électronique : depuis sa création en 1980, les recettes de Seagate avaient atteint plus de 700 millions de dollars en 1986. Elle avait été la première à lancer les lecteurs de disquette 5,25 pouces et était le principal fournisseur d'IBM et des constructeurs de micro-ordinateurs compatibles IBM. Au milieu des années 80, à l'époque où les lecteurs de rupture 3,5 pouces firent leur apparition, l'entreprise était le premier fabricant de lecteurs 5,25 pouces.

Les ingénieurs de Seagate furent les deuxièmes du secteur à développer des prototypes de lecteurs 3,5 pouces. Début 1985, ils avaient réalisé plus de 80 modèles avec un faible volant de financement interne. Ils présentèrent ces nouveaux modèles aux responsables du marketing, et la presse spécialisée annonça que Seagate développait activement des lecteurs 3,5 pouces. Mais les principaux clients de Seagate – IBM et autres constructeurs de micro-ordinateurs de type AT – ne se montrèrent nullement intéressés par ces nouveaux lecteurs. Ils voulaient intégrer des lecteurs de 40 Mo et de 60 Mo dans leurs modèles de la nouvelle génération, et les premiers prototypes de lecteurs 3,5 pouces de Seagate ne comportaient que 10 Mo. Conséquence, les cadres du marketing de chez Seagate révisèrent à la baisse leurs prévisions de ventes des nouveaux lecteurs.

Les responsables de la fabrication et les responsables financiers de l'entreprise mirent en évidence un autre inconvénient des lecteurs 3,5 pouces. D'après leurs analyses, les nouveaux lecteurs ne seraient jamais compétitifs face à l'architecture 5,25 pouces sur une base du coût par mégaoctet – un critère important que les clients de Seagate employaient pour évaluer les lecteurs. Compte tenu de la structure de coût de Seagate, les marges des modèles 5,25 pouces de haute capacité promettaient d'être nettement supérieures à celles des plus petits produits.

Les hauts dirigeants décidèrent en toute rationalité que le lecteur 3,5 pouces ne fournirait pas le volume de vente et les marges bénéficiaires que Seagate exigeait d'un tout nouveau produit. Un ancien cadre du marketing de chez Seagate se souvient : « nous avions besoin d'un nouveau modèle pouvant remplacer le ST412 [un lecteur 5,25 pouces qui affichait plus de 300 millions de dollars de chiffre d'affaires annuel, mais qui s'approchait de la fin de son cycle de vie]. À cette époque, le marché des lecteurs 3,5 pouces s'élevait à moins de 50 millions de dollars. Le lecteur 3,5 pouces n'était donc tout simplement pas à la hauteur – en termes de chiffre d'affaires et de bénéfices ».

La mise en sommeil du lecteur 3,5 pouces ne signifiait pas que Seagate rejetait toute innovation. Par la suite, elle lança de nouveaux modèles de lecteurs 5,25 à un rythme accéléré, introduisant ainsi une vague impressionnante de progrès technologiques de continuité, même si ce faisant, elle rendait obsolète une part importante de ses capacités de fabrication.

Tandis que l'attention de Seagate était fixée sur le marché des micro-ordinateurs, d'anciens employés de Seagate et d'autres fabricants de lecteurs 5,25 pouces, frustrés par les réticences de leurs employeurs à lancer des lecteurs 3,5 pouces, fondèrent une nouvelle société, Conner Peripherals. Conner concentra ses efforts sur la vente de ses lecteurs 3,5 pouces à des entreprises des marchés émergents d'ordinateurs portables et de petits ordinateurs de bureau (des micro-ordinateurs occupant moins de place sur un bureau). Le premier client de Conner fut Compaq Computer, avec lequel Seagate n'avait jamais travaillé. La prospérité de Seagate, ajoutée au centrage de Conner sur des clients accordant de la valeur à d'autres attributs des lecteurs de disquettes (robustesse, volume et poids), minimisa la menace que Seagate vit en Conner et en ses lecteurs 3,5 pouces.

Toutefois, depuis sa tête de pont sur le marché émergent des ordinateurs portables, Conner améliora la capacité de stockage de ses lecteurs de 50 % par an. Fin 1987, les lecteurs 3,5 pouces affichaient la capacité exigée par le marché des micro-ordinateurs. Les cadres de Seagate ressortirent alors des tiroirs leur propre lecteur 3,5 pouces et le lancèrent sur le marché par mesure défensive contre les attaques des nouveaux venus tels que Conner et Quantum Corporation, l'autre pionnier des lecteurs 3,5 pouces. Mais il était trop tard.

Seagate se trouva alors confrontée à une concurrence sévère. Pendant quelque temps, la société parvint à défendre son marché en vendant des lecteurs 3,5 pouces à ses clients – constructeurs et revendeurs de micro-ordinateurs. En fait, une grande partie de ses produits 3,5 pouces continuèrent à être expédiés dans des boîtiers qui permettaient à ses clients d'installer les lecteurs dans des ordinateurs conçus pour accueillir des lecteurs 5,25 pouces. Mais finalement, Seagate ne parvint qu'à devenir un fournisseur de seconde zone sur le nouveau marché des ordinateurs portables.

De leur côté, Conner et Quantum se forgèrent une position dominante sur le nouveau marché des ordinateurs portables, puis utilisèrent leur envergure et leur expérience de la conception et de la fabrication de produits 3,5 pouces pour évincer Seagate du marché des micro-ordinateurs. Durant l'année 1994, les recettes cumulées de Conner et de Quantum dépassèrent 5 milliards de dollars.

Le retard de Seagate est typique des réactions de nombreuses entreprises établies face à l'émergence de technologies de rupture. Seagate n'était prête à entrer sur le marché des lecteurs 3,5 pouces qu'une fois la taille critique atteinte par ce marché pour satisfaire ses exigences financières – c'est-à-dire uniquement lorsque les clients existants seraient demandeurs de cette nouvelle technologie. Seagate survécut grâce au rachat de la branche lecteur de Control Data Corporation en 1990. Grâce à la base technologique de CDC et au savoir-faire de Seagate dans la production à grande échelle, l'entreprise devint un puissant fournisseur de lecteurs à haute capacité pour les ordinateurs haut de gamme. Seagate n'est toutefois plus que l'ombre de ce qu'elle était sur le marché des micro-ordinateurs.

Seagate paya le prix fort en permettant aux deux start-ups d'établir les règles du jeu sur les marchés émergents.

Il n'est pas surprenant que peu d'entreprises, confrontées à des technologies de rupture, aient réussi à surmonter les handicaps que peuvent constituer leur taille ou leur réussite. Mais c'est possible. Il existe une méthode qui permet de repérer et d'exploiter les technologies de rupture.

Déterminer si une technologie est une rupture ou une continuité. La première phase consiste à décider quelles technologies, parmi la myriade qui pointe à l'horizon, sont des ruptures, et, parmi celles-ci, lesquelles constituent une menace réelle. La plupart des entreprises disposent de processus bien conçus d'identification et de suivi de l'évolution des technologies de continuité potentielles, car ces dernières jouent un rôle important dans la satisfaction et la sauvegarde des clients actuels. Mais rares sont celles qui sont dotées de processus systématiques d'identification et de suivi des technologies de rupture potentielles.

L'une des méthodes d'identification des technologies de rupture consiste à examiner les désaccords internes sur le développement des produits nouveaux ou des technologies nouvelles. Qui soutient tel ou tel projet, et qui ne le soutient pas ? Les responsables du marketing et du service financier, du fait de leurs motivations managériales et financières, soutiennent rarement une technologie de rupture. En revanche, le personnel technique qui affiche d'excellents résultats persiste souvent à dire qu'une technologie va ouvrir un nouveau marché – malgré l'opposition des gros clients et du personnel des services marketing et financier. Le désaccord entre ces deux groupes indique souvent la présence d'une technologie de rupture sur laquelle les hauts dirigeants devraient se pencher.

Définir l'importance stratégique d'une technologie de rupture. L'étape suivante consiste à poser aux bonnes personnes les bonnes questions sur l'importance stratégique d'une technologie de rupture. Les technologies de rupture ont tendance à échouer rapidement aux tests stratégiques, car les dirigeants soit posent les mauvaises questions, soit posent les bonnes questions mais aux mauvaises personnes. Les entreprises solidement établies ont, par exemple, des procédures standards pour demander à leurs gros clients – en particulier les grands comptes chez qui les idées nouvelles sont testées – d'estimer la valeur des produits innovants. En général, ces clients sont choisis parce que ce sont ceux qui s'efforcent le plus de garder une avance sur *leurs* concurrents en insistant sur les performances de *leurs* produits. Ils sont par conséquent censés exiger le maximum de performance de leurs fournisseurs. On peut donc se fier à eux pour évaluer le potentiel des technologies de continuité, mais *pas* celui des technologies de rupture. Ce ne sont pas les bons interlocuteurs en la matière.

Un simple graphique retraçant, sur l'axe des ordonnées, les performances du produit telles qu'elles sont définies sur les marchés dominants et, sur l'axe des abscisses, la durée, peut aider les chefs d'entreprise à identifier les bonnes questions et les bonnes personnes à qui les poser. Pour commencer, tracez une ligne décrivant le niveau de performance et la trajectoire d'amélioration des performances dont ont bénéficié les clients par le passé et qu'ils sont susceptibles d'espérer dans l'avenir. Puis localisez le niveau de performance initial évalué de la nouvelle technologie. Dans le cas d'une technologie de rupture, le point sera bien inférieur aux performances exigées par les clients actuels (cf. graphique « Comment repérer les technologies de rupture », page 209).

Quelles sont les perspectives d'amélioration des performances d'une technologie de rupture par rapport à celles exigées par les marchés existants ? Si des technologues bien informés pensent que la nouvelle technologie peut progresser plus vite que les exigences d'amélioration des performances du marché, cette technologie, qui ne répond pas encore aux besoins des clients, peut très bien les satisfaire dans l'avenir. La nouvelle technologie acquiert alors une importance stratégique.

Au lieu d'adopter cette approche, la plupart des chefs d'entreprise posent les mauvaises questions. Ils comparent le taux prévu d'amélioration des performances d'une nouvelle technologie à celui de la technologie en vigueur. En suivant ce raisonnement, si la nouvelle technologie a le potentiel pour surpasser la technologie en place, ils doivent s'employer à la développer.

C'est assez simple. Mais ce type de comparaison, quoique valable pour les technologies de continuité, ne remplit pas sa mission stratégique d'évaluation des technologies de rupture potentielles. Bon nombre de technologies de rupture que nous avons étudiées n'ont jamais dépassé les capacités de l'ancienne technologie. C'est la trajectoire de la technologie de rupture comparée à celle du marché qui est importante. Par exemple, la raison pour laquelle le marché des gros ordinateurs se rétrécit ne réside pas dans le fait que les micro-ordinateurs affichent des performances meilleures que celles des gros ordinateurs. Mais cela s'explique par le fait que les micro-ordinateurs installés en réseau répondent plus efficacement aux besoins de traitement et de stockage des données de nombreuses organisations. Les constructeurs de gros ordinateurs vacillent non pas parce que les performances de la micro-informatique ont surpassé celles de la technologie des gros ordinateurs, mais parce qu'elles satisfont les performances exigées par le marché établi.

Comment repérer les technologies de rupture

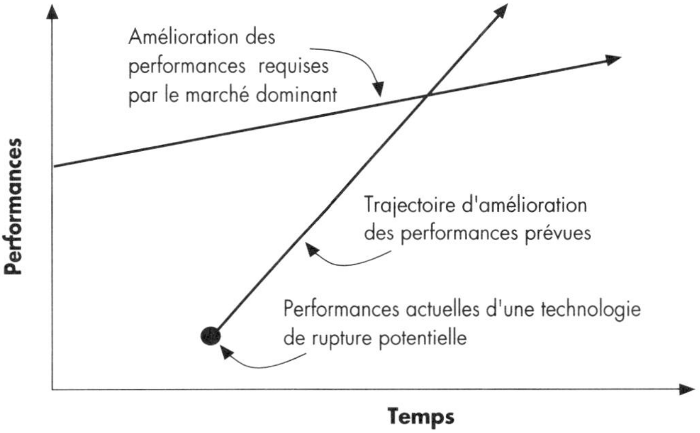

Réexaminons le graphique. Si les technologues pensent que la nouvelle technologie va progresser au même rythme que les exigences d'amélioration des performances du marché, la technologie de rupture peut mettre plus de temps à envahir les marchés établis. Souvenez-vous que Seagate avait visé la micro-informatique, où les exigences de capacité des disques durs progressaient de 30 % par an. Comme la capacité des lecteurs 3,5 pouces augmenta beaucoup plus vite, les principaux fabricants de lecteurs 3,5 pouces purent évincer Seagate du marché. Toutefois, Maxtor et Micropolis, deux autres fabricants de lecteurs 5,25 pouces, avaient visé le marché des stations de travail, sur lequel la demande de capacité des disques durs était insatiable. Sur ce marché, la trajectoire de la capacité exigée était globalement parallèle à la trajectoire d'amélioration des capacités que les technologues pourraient fournir dans l'architecture 3,5 pouces. Conséquence, entrer sur le marché des lecteurs 3,5 pouces était stratégiquement moins crucial pour ces entreprises que pour Seagate.

Localiser le marché initial d'une technologie de rupture. Une fois que les dirigeants ont déterminé qu'une nouvelle technologie est une rupture et qu'elle s'avère stratégiquement cruciale, l'étape suivante consiste à localiser les marchés initiaux de cette technologie. L'étude de marché, sur laquelle les chefs d'entreprise s'appuient traditionnellement, est rarement utile : au stade où une entreprise doit décider de prendre un engagement stratégique dans une technologie de rupture, il n'existe aucun marché concret. Lorsqu'Edwin Land demanda aux responsables du marketing de chez Polaroid d'évaluer le chiffre d'affaires potentiel de son nouvel appareil photo, on lui dit que Polaroid vendrait à peine 100 000 exemplaires sur toute sa durée de vie. Parmi les personnes qu'ils avaient interrogées, rares étaient celles qui pouvaient imaginer les débouchés de la photographie instantanée.

Les petites organisations conquérantes sont douées pour modifier leurs stratégies de produits et de marchés.

Les technologies de rupture annoncent souvent l'émergence de nouveaux marchés ou segments de marché. Les chefs d'entreprise doivent donc créer des informations sur ces marchés – qui seront les clients, quels aspects de la performance du produit comptera le plus pour quels clients, quel sera le juste prix. Ils ne peuvent créer ce type d'information qu'en se livrant à des expériences rapides, répétitives et peu coûteuses à la fois sur le produit et sur le marché.

Pour les entreprises solidement établies, il est très difficile d'entreprendre de telles expériences. Les processus de répartition des ressources essentiels à la rentabilité et à la compétitivité ne vont pas – et ne doivent pas – orienter les ressources vers des marchés où les ventes seront relativement limitées. Alors comment une telle entreprise peut-elle tester le marché d'une technologie de rupture ? Elle peut confier cette tâche à des *start-ups* – qu'elle finance elle-même ou qui n'ont aucun lien avec elle. Ces petites organisations conquérantes sont fortes pour faire des paris économiques, aller de l'avant et changer rapidement de stratégie de produit et de marché en réponse à de premières incursions sur le marché.

Songez aux débuts d'Apple Computer. Son premier produit, l'Apple I, fut un échec lors de son lancement en 1977. Apple n'avait pas misé gros sur le produit. Mais elle avait au moins mis rapidement quelque chose entre les mains des premiers utilisateurs. L'Apple I lui apprit beaucoup sur la nouvelle technologie et sur ce que les clients voulaient et ne voulaient pas. Et, point tout aussi important, les clients apprirent ce qu'ils exigeaient et n'exigeaient pas de leur micro-ordinateur. Forte de ces informations, la société lança l'Apple II avec un certain succès.

L'expérience d'Apple aurait pu apporter de précieux enseignements à de nombreuses entreprises. Certaines ont explicitement pour stratégie d'être les deuxièmes à inventer – laissant de petits pionniers ouvrir la voie dans un territoire inexploré. IBM, par exemple, laissa Apple, Commodore et Tandy définir le micro-ordinateur avant de faire à son tour une offensive pour pénétrer sur le marché et de créer une immense division micro-informatique.

Mais la réussite de l'entrée tardive d'IBM sur un nouveau marché est une exception. Trop souvent, les entreprises prospères jugent les performances des petits pionniers à l'aune des normes financières qu'elles appliquent à leurs propres performances. Tentant de s'assurer qu'elles font bon usage de leurs ressources, elles fixent explicitement ou implicitement des seuils relativement élevés pour la taille des marchés qu'elles devraient envisager de pénétrer. Cette approche les condamne à entrer tardivement sur des marchés déjà occupés par des acteurs puissants.

Lorsque le lecteur 3,5 pouces fit son apparition, par exemple, Seagate avait besoin d'un produit affichant un chiffre d'affaires annuel de 300 millions de dollars pour remplacer son modèle phare de 5,25 pouces, le ST412. Le marché du 3,5 pouces était trop étroit. Au cours des deux années suivantes, lorsque la presse économique demanda quand Seagate sortirait son lecteur 3,5 pouces, les cadres répondirent à chaque fois qu'il n'existait pas encore de marché. Et pourtant, il y avait bel et bien un marché, qui en plus enregistrait une croissance rapide. Les signaux que Seagate captait sur le marché, dévoyés par des clients qui ne voulaient pas entendre parler des lecteurs 3,5 pouces, étaient trompeurs. Lorsque Seagate finit par lancer son lecteur 3,5 pouces en 1987, on avait déjà vendu plus de 750 millions de dollars de lecteurs 3,5 pouces. L'information sur la taille du marché était largement disponible dans tout le secteur. Mais les chiffres n'étaient pas assez spectaculaires pour attirer l'attention des dirigeants de Seagate, qui continuaient à considérer le nouveau marché à travers les yeux de leurs clients actuels et par rapport à leur structure financière actuelle.

La position des grands fabricants actuels de lecteurs de disquette à l'égard du lecteur 1,8 pouce, la dernière technologie de rupture, est hélas familière. Tous les leaders du secteur ont conçu un ou plusieurs modèles de ce minuscule lecteur, et ces modèles dorment sur des étagères. Leur capacité est trop faible pour servir aux agendas électroniques, et personne ne sait encore où se situera leur marché initial. Les télécopieurs, les imprimantes et les systèmes embarqués de guidage automobile sont tous candidats. « Il n'y a pas de marché », se plaignait un cadre du secteur. « Le produit existe, nous l'avons, et les commerciaux peuvent prendre les commandes. Mais personne n'en veut, parce que personne n'en a besoin. Il attend sur une étagère. » Ce cadre n'a pas envisagé que ses commerciaux n'avaient aucun intérêt à vendre des lecteurs 1,8 pouce plutôt que les produits à forte marge qu'ils offrent à leurs gros clients. Et pendant que le lecteur 1,8 pouce dort sur une étagère de son entreprise et des autres, l'année dernière, plus de 50 millions de dollars de lecteurs 1,8 pouce ont été vendus, presque exclusivement par des *start-ups*. Cette année, le marché devrait atteindre 150 millions de dollars.

Pour éviter de laisser de petites entreprises pionnières dominer les nouveaux marchés, les cadres doivent personnellement surveiller les données disponibles sur la progression de ces entreprises au cours de réunions mensuelles avec des technologues, des universitaires, des spécialistes du capital-risque et autres sources d'information non conventionnelles. Ils ne peuvent pas se fier aux canaux traditionnels de l'entreprise pour juger les marchés, car ces canaux ne sont pas conçus à cet effet.

Confier la responsabilité de la création d'une activité technologique de rupture à une organisation indépendante. La stratégie qui consiste à former de petites équipes indépendantes à l'intérieur de groupes de projets en R&D et à les maintenir à l'écart des exigences étouffantes des organisations dominantes est bien connue mais mal comprise. Isoler, par exemple, une équipe d'ingénieurs pour qu'elle puisse développer une technologie de continuité radicalement nouvelle, et ce simplement parce que cette technologie est radicalement différente, est une application fondamentalement erronée de la méthode des groupes indépendants de recherche et développement. C'est également inutile dans le cas rare où une technologie de rupture est financièrement plus intéressante que les produits existants. Prenons l'exemple du passage d'Intel des puces à mémoire DRAM aux microprocesseurs. Dès le début, l'activité microprocesseurs d'Intel affichait une marge brute supérieure à celle de son activité DRAM. En d'autres termes, le processus normal de répartition des ressources fournit naturellement à la nouvelle activité les ressources dont elle avait besoin.

La création d'une organisation autonome n'est nécessaire que lorsqu'une technologie de rupture affiche une marge bénéficiaire inférieure à celle de l'activité principale et doit répondre aux seuls besoins d'un nouveau groupe de clients. CDC, par exemple, parvint à créer une organisation autonome pour commercialiser son lecteur 5,25 pouces. Jusqu'en 1980, CDC était le premier fournisseur indépendant de lecteurs grâce à son savoir-faire dans la fabrication de lecteurs 14 pouces pour les constructeurs de gros ordinateurs. Lors de l'apparition du lecteur 8 pouces, CDC se lança tardivement dans la course au développement. En outre, ses ingénieurs devaient sans cesse se détourner du projet pour résoudre les problèmes des projets 14 pouces, plus rentables et donc plus prioritaires, destinés aux plus gros clients de la société. Par conséquent, CDC lança avec trois ans de retard son premier lecteur 8 pouces et ne dépassa jamais 5 % de parts de marché.

Lors de l'arrivée de la génération des 5,25 pouces, CDC décida d'adopter une approche plus stratégique pour faire face à ce nouveau défi. La société envoya donc un petit groupe d'ingénieurs et de commerciaux à Oklahoma City, loin des clients de l'organisation principale, avec pour mission de développer et de commercialiser un produit 5,25 pouces compétitif. « Nous devions le lancer sur un marché dans lequel tout le monde s'enthousiasme pour une commande de 50 000 dollars » se souvient un cadre. « À Minneapolis, il fallait une commande de un million de dollars pour émouvoir quelqu'un. » CDC ne retrouva jamais les 70 % de parts de marché qu'elle avait occupé dans le secteur des lecteurs de gros ordinateurs, mais son unité d'Oklahoma City s'empara de 20 % du marché des 5,25 pouces.

Si Apple avait créé une organisation de ce type pour mettre au point Newton, son assistant personnel, ceux qui lui avaient prédit un échec auraient peut-être alors parlé de réussite. Lors du lancement du projet, Apple commit l'erreur d'agir comme si elle se trouvait sur un marché établi. Les dirigeants d'Apple lancèrent le projet d'assistant personnel en postulant qu'il devait apporter une importante contribution à la croissance de l'entreprise. Ils cherchèrent donc à connaître les désirs de la clientèle, puis misèrent d'immenses sommes d'argent sur le lancement de Newton. Si Apple avait fait un pari technologique et financier plus modeste et avait confié le Newton à une organisation de la taille qu'avait Apple elle-même lorsqu'elle lança l'Apple I, l'issue aurait peut-être été différente. Le Newton aurait pu être considéré plus globalement comme une étape vers la découverte de ce que les clients voulaient réellement. En fait, durant l'année qui suivit son lancement, Apple vendit beaucoup plus de Newton que d'Apple I à l'époque.

Préserver l'indépendance de l'organisation de rupture. Les entreprises établies ne peuvent dominer les marchés émergents qu'en créant de petites organisations du type de celle mise en place à Oklahoma City par CDC. Mais que doivent-elles faire lorsque le marché émergent gagne du terrain et s'établit ?

La plupart des chefs d'entreprise postulent que, lorsqu'un sous-produit devient commercialement viable sur un nouveau marché, il doit être intégré à l'organisation principale. Ils expliquent que les coûts fixes des activités d'ingénierie, de fabrication, de vente et de distribution peuvent ainsi être répartis sur un plus large groupe de clients et de produits.

Cette approche peut fonctionner avec les technologies de continuité. Mais pour les technologies de rupture, intégrer le sous-produit à l'organisation principale peut s'avérer désastreux. Lorsque les organisations indépendantes et principales sont réunies pour se partager les ressources, des conflits fragilisants surviennent inévitablement sur la question de

Pour subsister, une entreprise doit être prête à voir certaines de ses unités mourir.

savoir de qui obtient quelles ressources ? Ou encore faut-il ou non démanteler les produits établis, et quand ? Dans l'histoire de l'industrie des lecteurs de disquette, toutes les entreprises qui ont tenté de gérer des activités principales et des technologies de rupture au sein d'une même organisation ont échoué.

Quel que soit le secteur, une entreprise se compose de pôles d'activité ayant une durée de vie finie : les bases technologiques et le marché de toute activité disparaissent un jour ou l'autre. Les technologies de rupture suivent elles aussi ce cycle. Les entreprises qui comprennent ce processus créent de nouvelles activités pour remplacer celles qui sont inévitablement vouées à disparaître. Pour ce faire, elles doivent donner aux responsables de la rupture innovante toute latitude pour réaliser l'ensemble du potentiel d'une technologie – même si cela passe par la suppression de l'activité principale. Pour que l'entreprise vive, elle doit être prête à voir mourir des pôles d'activité. Si l'entreprise ne s'en débarrassent pas elle-même, les concurrents s'en chargeront.

La clef de la réussite lors des moments de rupture n'est pas simplement de prendre plus de risques, d'investir à long terme ou de lutter contre les lourdeurs bureaucratiques. C'est d'avoir une gestion stratégique des grandes technologies de rupture dans un contexte organisationnel où de petites unités créent de l'énergie, où des percées rapides et à peu de frais sur des marchés mal définis sont possibles, et où les frais généraux sont assez bas pour permettre d'enregistrer des bénéfices, même sur des marchés émergents.

Les dirigeants des grandes entreprises peuvent maîtriser les technologies de rupture avec un succès extraordinaire. Mais lorsqu'ils cherchent à développer et à lancer une technologie de rupture rejetée par de gros clients dans le cadre des exigences financières de l'activité principale, ils échouent – non pas parce qu'ils prennent les mauvaises décisions, mais parce qu'ils prennent les bonnes décisions dans un contexte sur le point de tomber dans les oubliettes de l'histoire.

Première publication en janvier – février 1995
Traduit par Florence Paban pour les Éditions d'Organisation
Réédition 95103

La gestion par anticipation

Rester compétitif sur les marchés instables

Kathleen M. Eisenhardt et
Shona L. Brown

Résumé des points essentiels

La plupart des entreprises évoluent en réaction à des événements tels que des mouvements dans la concurrence, des mutations technologiques ou de nouvelles exigences de la clientèle. Sur les marchés relativement stables, cette « gestion événementielle » est un bon moyen d'aborder les changements. Mais les entreprises prospères des secteurs très concurrentiels et en mutation rapide ont une approche différente. Elles sont pro-actives et changent à intervalles réguliers. Les auteurs parlent à ce sujet de stratégie de *gestion par anticipation*.

Tel un métronome, la gestion par anticipation instaure un rythme avec lequel les chefs d'entreprise peuvent synchroniser la vitesse et l'intensité de leurs efforts. 3M, par exemple, décrète qu'elle doit réaliser 30 % de ses recettes annuelles avec de nouveaux produits. Netscape lance un nouveau produit à peu près tous les six mois, et Intel se dote d'une nouvelle unité de fabrication tous les neuf mois environ. La gestion par anticipation crée un sentiment de nécessité impérieuse pour le respect des échéances et concentre les énergies sur un ensemble de buts partagés. Sa prévisibilité procure également un sentiment de maîtrise sur des marchés où règne le chaos.

Les auteurs vont montrer comment des entreprises telles que Banc One, Cisco Systems, Dell Computer, Emerson Electric, Gillette, Intel, Netscape, Shiseido et Sony mettent en œuvre les deux fondements de la gestion par anticipation. Le premier est la gestion des transitions – le passage, par exemple, d'un projet de développement à un autre. Le second est l'instauration du bon rythme de changement. Les entreprises qui tiennent ce rythme prennent de la vitesse, et celles qui gèrent efficacement les transitions conservent cette vitesse sans fléchir.

En 1965, Gordon Moore, cofondateur d'Intel Corporation, prophétisait que la capacité des microprocesseurs doublerait tous les dix-huit mois. La loi de Moore, telle qu'elle a été baptisée depuis, sonne comme une loi de la physique, chose qu'elle n'est pas. C'est en réalité un objectif que les ingénieurs et les dirigeants d'Intel se sont fixé. Au fil du temps, Intel a créé un train de lancements de nouveaux produits qui a imposé un rythme impitoyable dans son secteur. En dix ans, entre 1987 et 1997, Intel a offert un rendement annuel moyen étonnant de 44 % à ses investisseurs. Plus impressionnant encore, récemment, les bénéfices annuels d'Intel ont atteint ceux des dix premières entreprises de micro-informatique réunies.

Peu d'entreprises jouiront un jour sur leur marché d'une position telle que celle d'Intel sur celui des microprocesseurs. Toutefois, les chefs d'entreprise peuvent tirer un enseignement primordial de l'expérience du premier fabricant mondial de microprocesseurs. Intel est certainement le praticien le plus exposé – mais en aucun cas le seul – de la gestion par anticipation, stratégie qui consiste à faire face à la concurrence sur des marchés imprévisibles en mutation rapide en programmant des changements à des intervalles de temps prévisibles. Intel ne se contente pas de faire de la loi de Moore une réalité en lançant ses nouveaux produits. La société pratique la gestion par anticipation dans d'autres domaines clefs. À peu près tous les neuf mois, par exemple, elle se dote d'une nouvelle unité de fabrication. Andy Grove, le PDG, explique : « nous construisons des usines deux ans avant d'en avoir besoin, avant d'avoir des produits à fabriquer et avant de savoir que le secteur va s'étendre ». En augmentant ses capacités de manière aussi prévisible, Intel dissuade ses rivaux d'entrer dans le secteur et les empêche d'y mettre un pied si elle devait se trouver dans l'incapacité de répondre à la demande.

Les petites et les grandes entreprises, qu'elles soient de haute ou de basse technologie, peuvent tirer profit d'une gestion par anticipation, surtout sur les marchés instables. Cisco Systems, Emerson Electric, Gillette, Netscape, SAP, Sony, Starbucks et 3M utilisent toutes la gestion par anticipation sous une forme ou sous une autre. Dans les secteurs en rapide mutation, elle peut aider les chefs d'entreprise à aller au-devant du changement et pourquoi pas, comme Intel, à imposer le rythme de ce changement. Mais même dans les secteurs où le rythme du changement est moins rapide, la gestion par anticipation peut compenser la tendance naturelle des dirigeants à attendre trop longtemps, à agir trop lentement et à perdre de la vitesse.

Notre connaissance de la gestion par anticipation vient de près d'une décennie de recherches sur les moteurs de la réussite dans des secteurs très concurrentiels et très instables. L'une des phases de notre recherche nous a amenés à étudier 12 entreprises prospères dans des segments différents de l'industrie informatique – industrie qui est le prototype de cette nouvelle réalité de la concurrence. Nous avons également vérifié la pertinence de ces idées dans d'autres secteurs au travers d'études de cas et d'un travail de consultation auprès des cadres. Nous avons découvert que lorsque les chefs d'entreprise se trouvaient dans des environnements en mutation, la gestion par anticipation était essentielle à leur réussite, car elle les aidait à résoudre la question fondamentale de la fréquence du changement.

Gestion par anticipation ou gestion événementielle ?

Pour la plupart des dirigeants d'entreprise, la gestion événementielle fait partie de l'ordre familier et naturel des choses. Les entreprises changent en réaction à des événements tels que les mouvements de la concurrence, les mutations technologiques, de mauvais résultats financiers ou de nouvelles exigences de la clientèle. La gestion événementielle consiste à créer un nouveau produit lorsqu'une technologie prometteuse sort des laboratoires de R&D, à pénétrer sur un nouveau marché en réaction au geste d'un concurrent, ou à faire une acquisition parce qu'une proie alléchante devient disponible. Les chefs d'entreprise qui pratiquent la gestion événementielle suivent un programme et n'en dévient que si les résultats affichent une baisse. Sur les marchés stables, la gestion événementielle est un moyen opportuniste et efficace de gérer le changement. Mais c'est aussi, par définition, une stratégie réactive et souvent erratique.

3M, par exemple, impose que 30 % des recettes annuelles proviennent de nouveaux produits.

Par opposition, la gestion par anticipation s'appuie sur la création de produits ou de services nouveaux, le lancement de nouvelles activités, ou la pénétration de nouveaux marchés dans le respect d'un agenda. Les entreprises qui pratiquent la gestion par anticipation peuvent être extraordinairement rapides. Il est toutefois important de ne pas confondre gestion par anticipation et vitesse. Par définition, la gestion par anticipation est régulière, rythmée et pro-active. 3M, par exemple, impose que 30 % des recettes annuelles proviennent de nouveaux produits. Netscape lance un nouveau produit à peu près tous les six mois. British Airways rénove ses classes tous les cinq ans. Et Starbucks a ouvert 300 magasins par an en vue d'atteindre son objectif de 2 000 points de vente en l'an 2000. La gestion par anticipation consiste à gérer une activité en fixant des échéances régulières avec lesquelles les dirigeants synchronisent la vitesse et l'intensité de leurs efforts. Tel un métronome, la gestion par anticipation instaure un rythme de changement prévisible dans une entreprise.

Dans les sociétés que nous avons étudiées, la gestion par anticipation a un puissant impact psychologique. Elle crée un sentiment d'impérieuse nécessité quant au respect des échéances et concentre l'énergie individuelle et collective sur des objectifs communs. Comme l'explique un chef d'entreprise, « c'est comme de courir un marathon avec des accélérations tous les 100 mètres ». Le rythme est peut-être rapide, mais il est prévisible. Et il donne ainsi aux individus un sentiment de contrôle sur des marchés où règne le chaos. Chacun est concentré, efficace et confiant par rapport à la tâche en présence, d'où des performances accrues.

Outre la création d'un sentiment d'urgence, la gestion par anticipation incite les chefs d'entreprise à exceller dans deux domaines d'importance critique souvent négligés, et pourtant essentiels à la réussite sur des marchés en mutation. Le premier est de gérer les transitions, ou les passages d'une activité à la suivante. Le second est de gérer le rythme du changement de l'entreprise. Les sociétés qui suivent le rythme de la gestion par anticipation prennent de la vitesse, et les entreprises qui gèrent efficacement les transitions conservent cette vitesse sans fléchir.

Gestion des transitions

Il est reconnu que les transitions sont des événements complexes à gérer, ce qui fait d'elles un maillon faible des entreprises sur les marchés en mutation. Les transitions les plus courantes sont le passage d'un projet de développement à un autre, d'une campagne de publicité à une autre ou encore d'une saisonnalité à une autre. C'est aussi pénétrer ou quitter des marchés, réaliser de nouvelles acquisitions, créer de nouvelles alliances, et lancer une production à grande échelle.

Les transitions impliquent généralement un grand nombre de personnes, dont beaucoup n'ont pas l'habitude de travailler ensemble. Les transitions sont moins fréquentes que d'autres activités. Les dirigeants ont, par conséquent, moins d'occasions de tirer les leçons de leur expérience. La communication s'interrompt facilement. Les faux pas se transforment souvent en coûteux retards. En bref, la loi de Murphy s'applique clairement aux transitions (cf. « Une solution pour le développement de nouveaux produits », page 242).

Les grandes transitions sont des périodes de fragilisation des entreprises. Nous pensions donc observer que les chefs d'entreprise leur consacraient plus d'attention. Nous avons été surpris de découvrir que ce n'était pas le cas. Ils gèrent le processus de développement de produit, mais pas le passage d'un projet à un autre. Ils passent des mois à analyser une acquisition, puis beaucoup moins de temps à planifier son intégration. Certains ignorent tout simplement les transitions, espérant passer d'une manière ou d'une autre d'un projet à l'autre.

Lorsque les transitions se passent mal, les entreprises perdent pied. Blockbuster Video est un récent exemple de mauvaise gestion d'une transition. Cherchant à réduire ses coûts, la société décida d'intégrer la distribution de vidéos en interne. Mais elle commit l'erreur de passer de son distributeur externe à son nouveau dispositif automatisé installé au Texas avant que son nouveau système ne soit opérationnel – et depuis, la société tente de réparer son erreur. La pagaille entraîna des retards répétés dans la livraison des nouvelles vidéos aux boutiques Blockbuster, malmenant les résultats de l'entreprise. En 1997, son flux de trésorerie enregistra une chute vertigineuse de 70 %.

Par opposition, les entreprises qui pratiquent la gestion par anticipation apprennent à mettre en scène les grandes transitions – et à écourter le temps nécessaire à leur exécution. Gillette, par exemple, réalise en douceur une vingtaine de transitions vers de nouveaux produits par an. Tel un fabricant de produits pharmaceutiques, Gillette considère qu'elle gère un flux permanent de produits – développant, lançant et stockant simultanément des produits. Gillette gère ce flux équilibré de produits grâce à un processus de transition rigoureux. Elle ne lance pas la production à grande échelle d'un prototype tant qu'elle n'a pas mis au point une maquette du produit suivant. Le rasoir Sensor, par exemple, qui connut un très grand succès, ne fut lancé qu'une fois que son successeur, Excel, était en cours de développement. Excel, à son tour, dut attendre que son successeur et plus de dix autres produits soient en cours de développement. Al Zeien, le PDG, explique que la stratégie de Gillette « ne se contente pas de réagir à la concurrence », mais « orchestre une activité et fixe les règles du jeu ».

En plus de mettre en scène ses transitions, Gillette s'est efforcée de réduire le temps nécessaire à leur exécution. Après avoir lancé la gamme Sensor sur son marché intérieur, Gillette mit quatre ans pour pénétrer tous ses marchés. Pour Excel, la gamme suivante, elle réussit à ramener ce délai à trois ans. Ainsi, non seulement elle accélère l'afflux de recettes, mais elle empêche aussi les concurrents de copier ses produits sur un marché et de les lancer avant elle sur un autre.

Gillette s'est également efforcée de mettre au point un processus de transition efficace pour pénétrer de nouvelles zones géographiques. Elle utilise son produit le plus connu – les lames de rasoir – pour établir une tête de pont dans de nouveaux pays. Pendant cette phase initiale, elle construit son infrastructure de distribution, les marges d'exploitation sont souvent faibles et la société peut même perdre de l'argent. Mais lorsque les autres produits tels que les soins capillaires et les brosses à dents commencent à affluer chez les distributeurs et les détaillants, les coûts diminuent et les bénéfices augmentent. Gillette a amélioré ces transitions sur de nouveaux marchés et les a adaptées selon le niveau de développement du pays. Résultat, elle atteint régulièrement son objectif de 40 % de chiffre d'affaires avec de nouveaux produits, véritable exploit pour un fabricant de produits de grande consommation.

Là où les transitions sont cruciales

Les transitions sont toujours importantes. Mais elles le sont plus encore sur les marchés en mutation rapide où, comme le dit un chef d'entreprise, « opérer une transition, c'est comme changer une courroie de ventilateur sur une voiture en marche ». Lorsque le rythme de mutation est rapide, les transitions sont plus nombreuses et occupent donc une plus grande partie du temps des dirigeants. En outre, les transitions elles-mêmes sont plus cruciales, parce que plus le marché évolue vite, plus il est difficile de rattraper son retard en cas de faux pas. C'est comme une course de relais 4 x 100 mètres – les intervalles de courses sont si courts que le passage du bâton détermine souvent l'issue de la course.

Dans les environnements à mutations rapides, gérer les transitions, c'est comme changer une courroie de ventilateur sur une voiture en marche.

Examinons le cas de Netscape. Son enjeu principal est d'aller plus vite que Microsoft et que Lotus développé par IBM. Pour ce faire, elle a écourté ses transitions de tous types. Avant Netscape, d'autres sociétés du secteur se fixaient un rythme de cycles de développement de produit de 12 mois, suivis de bêta tests sur site, puis de la livraison. Ensuite Netscape appliqua son approche au lancement de produit. Elle réduisit l'intervalle entre le lancement des produits (le gourou technique Marc Andreessen souhaitait le ramener à trois mois, mais se résolut à le fixer à six), multipliant ainsi par deux le nombre des transitions nécessaires et imposant la nécessité de réussir les transitions. Puis elle écourta les transitions en renonçant à la pratique courante qui consistait à évaluer statistiquement quelques grands sites avec des bêta tests. Elle se contenta de lancer des prototypes sur Internet et d'attendre que les utilisateurs leur signalent les problèmes. Netscape se retrouva rapidement à la tête d'une armée de débogueurs capables de transformer rapidement son prototype en un produit fini – qu'elle pouvait ensuite proposer, souvent gratuitement, sur le Web. Ce processus de transition rapide et en douceur aida Netscape à conserver son avance technique dans les navigateurs.

Une bonne gestion des transitions est souvent essentielle aux entreprises des marchés qui se caractérisent par des opportunités en constante mutation. L'une des entreprises informatiques mondiales que nous avons étudiées – et que nous appellerons Andromeda – s'est dotée d'un processus particulièrement efficace pour pénétrer sur de nouveaux marchés. Au niveau du groupe, un cadre est chargé de faire coïncider les nouvelles opportunités avec les activités existantes. Lorsqu'il identifie une nouvelle opportunité sur le marché, le processus de transition démarre. Le premier mois, ce cadre met au point trois ou quatre unités possibles, soit dans des divisions existantes, soit dans une nouvelle structure autonome. Les différentes localisations de ces unités sont déterminées en fonction de leur corrélation avec cette opportunité en termes de technologie, de marchés, de fabrication et de distribution. Mais les dirigeants d'Andromeda étudient également quelles sont ses divisions qui ont besoin de nouvelles opportunités pour donner un coup de fouet à la croissance. Le choix est fait rapidement – dans les quatre mois qui suivent le début du processus de transition, les ressources sont formellement affectées à la nouvelle activité et l'équipe de direction est désignée. Au terme de ces quatre mois, les compteurs commencent à tourner et l'équipe a deux ans pour remplir des critères de recettes et de bénéfices.

Comparons le processus mis en scène par Andromeda pour pénétrer de nouveaux marchés et ce que nous avons observé dans une entreprise semblable que nous appellerons Buccaneer. Les dirigeants de Buccaneer avaient identifié une opportunité multimédia prometteuse, mais n'avaient pas de moyen formel de pénétrer de nouveaux marchés. Chaque opportunité étant traitée comme un événement unique, celle-ci exigeait une réflexion sur son bien-fondé et la manière de procéder. Les dirigeants eurent besoin de huit mois pour affecter des ressources à cette opportunité. Dans l'intervalle, trois concurrents avaient pénétré le marché, devançant Buccaneer et démoralisant l'équipe qui avait travaillé sur le projet.

Pour les entreprises qui tentent de se développer rapidement par des acquisitions, le processus d'intégration post-fusion est une transition cruciale. Prenons l'exemple de Banc One, un leader sur le marché américain des banques interrégionales. Pendant des années, Banc One racheta de petites banques au rythme modéré d'une dizaine d'acquisitions par an, dont quatre à six imprévisibles. Le processus de transition commençait souvent le jour où la fusion était annoncée : tous les employés recevaient une vidéocassette leur souhaitant la bienvenue à Banc One et expliquant ce que signifiait leur nouvelle affiliation. Une équipe d'une trentaine de cadres entamait alors rapidement un processus complexe sur de multiples fronts. Les services marketing et distribution, par exemple, intégraient les produits affiliés dans le portefeuille de Banc One, tandis que le département de banque électronique évaluait le nombre de distributeurs automatiques de billets. Banc One affectait également à la nouvelle banque une institution « mentor » qui avait récemment subi une conversion similaire, lui fournissant ainsi un modèle d'opération de post-conversion. Au terme d'un processus de transition de 180 jours, le passage final se produisait en un seul week-end. Les anciens systèmes étaient fermés le vendredi et le système de Banc One fonctionnait le lundi. Cette mise en scène permit à Banc One d'enchaîner les acquisitions, et de se classer rapidement parmi les plus grandes et les plus prospères banques américaines.

Les transitions les mieux réussies

Les meilleures transitions font plus que simplement faire passer une entreprise d'un point A à un point B. En réalité, les chefs d'entreprise peuvent utiliser ces transitions pour apprendre, réfléchir, changer de cap et réaliser d'autres objectifs. Le processus qu'emploie Andromeda pour pénétrer de nouveaux marchés ne se contente pas de déployer rapidement les ressources de l'entreprise pour saisir des opportunités. Il lui permet d'atteindre d'autres objectifs, notamment de dynamiser les performances de ses unités en perte de vitesse. De même, pendant qu'elle intègre ses nouvelles acquisitions, Banc One en profite pour isoler les pratiques nouvelles et plus performantes des banques dont elle fait l'acquisition, et pour ensuite les appliquer à l'ensemble de son réseau. Les entreprises les plus prospères profitent des transitions pour opérer de plus vastes changements.

Mais ce sont là les seuls points en commun des transitions les mieux réussies. Notre étude a montré que les processus de transition varient d'une entreprise à l'autre. En réalité, ils sont même étonnamment arbitraires. L'atout des entreprises qui gèrent bien les transitions consiste dans le fait qu'elles disposent toutes de processus clairs, mis en scène et compris par leurs employés. C'est ce qui nous est apparu lorsque nous avons étudié le développement de produit dans deux grandes entreprises informatiques. Leurs processus de gestion de la transition entre des projets de développement différaient sur presque tous les grands aspects de la conception. Dans la première, la transition entre un projet et le suivant était menée par ses gourous techniques. Dans la seconde, elle l'était par les responsables du marketing. La transition durait un mois dans un cas, et trois dans l'autre. Chaque entreprise avait mis au point un ensemble d'étapes, un agenda et des spécifications définissant qui devait participer et quand. Mais les deux processus de transition étaient efficaces car, dans chaque cas, chacun respectait un scénario bien défini.

Gestion des rythmes

Si les transitions alimentent l'élan d'une organisation, ce sont les rythmes que les chefs d'entreprise instaurent qui créent cet élan. Ces rythmes aident les individus à anticiper et à synchroniser leurs activités. Le mot d'ordre de 3M, par exemple, selon lequel 30 % de ses recettes annuelles doivent provenir de produits nouveaux, permet à chacun de déterminer ce qu'il doit faire et quand il doit le faire.

Sans ces rythmes, les chefs d'entreprise ont tendance à être réactifs et à considérer le changement comme une mauvaise surprise. Et pourtant, la plupart s'intéressent peu aux rythmes. Songez, par exemple, combien d'entreprises sont enfermées dans un rituel de cycles de planning annuels déconnectés du rythme nécessaire au succès de leurs activités. Un aspect critique de la gestion par anticipation est l'instauration de bons rythmes de changement et la synchronisation de ces rythmes à la fois avec le marché et avec les capacités internes de l'organisation (cf. « Les fondements de la gestion par anticipation », page 244).

Se mettre au diapason du marché. Quel est le bon rythme ? Parmi les entreprises que nous avons étudiées, celles qui utilisaient efficacement la gestion par anticipation s'alignaient sur les grands rythmes du marché – notamment la saisonnalité, les cycles de développement de produit de leurs fournisseurs, ou les variations des dépenses des consommateurs. Nous avons été surpris de découvrir que, malgré l'évidence de bon nombre de ces rythmes externes, les concurrents ne voyaient souvent pas leur potentiel stratégique.

Examinons un fabricant de boissons froides que nous avons étudié – nous l'appellerons ThirstCo –, pour lequel l'été est la période de pointe. ThirstCo décida d'exploiter ce cycle saisonnier en créant un rythme de lancements de nouveaux produits coïncidant avec les pics de la demande. Rétrospectivement, cette stratégie semblait évidente. Mais à l'époque, elle ne l'était pas, car l'industrie avait alors pour habitude de lancer de nouveaux parfums au moment où ils sortaient de ses laboratoires, quelle que fût la saison.

Pour tenir ce rythme, ThirstCo élabora un processus de transition vers ses nouveaux produits. Désormais, chaque printemps, l'entreprise commence par tester le marketing de trois ou quatre nouveaux parfums, processus qui dure environ deux mois. Les dirigeants sélectionnent ensuite la ou les deux propositions les plus prometteuses qui seront lancées en juin. Même le lancement respecte un scénario standard où chaque nouveau produit est accompagné d'un jeu promotionnel de type loterie.

Un grand fabricant d'électroménager offre un exemple plus complexe d'instauration d'un rythme approprié. Les responsables de cette entreprise lançaient traditionnellement leurs nouveaux produits lorsqu'ils étaient prêts à le faire, sans se soucier de saisonnalité. Mais ses principaux clients, des géants américains de la distribution tels que Wal-Mart et Target, respectaient des cycles réguliers et saisonniers d'agencement des rayonnages variant selon les catégories de produits (fournitures scolaires et petit électroménager, par exemple). En calquant ses propres cycles de lancement de produit sur les cycles d'agencement des rayonnages, le fabricant réussit à obtenir plus de visibilité dans les rayons, et donc à augmenter son chiffre d'affaires. Pourquoi ? Parce que ses produits les plus récents et le budget publicitaire qui accompagnait leur lancement étaient disponibles au moment où les détaillants repensaient l'agencement de leurs rayonnages. Tout le monde en profitait. Les détaillants pouvaient offrir les produits les plus récents et les plus exposés, les clients étaient ravis de trouver les produits dont ils venaient juste de voir la publicité, et le fabricant enregistrait une hausse de son chiffre d'affaires.

Même les marchés en apparence chaotiques et volatiles ont des rythmes naturels qui peuvent fixer celui de la gestion par anticipation. Une entreprise informatique cherchait à devenir un leader de son secteur et y parvint grâce à la gestion par anticipation. Les utilisateurs de micro-ordinateurs devenant de plus en plus perfectionnés, ils se fiaient de plus en plus à des enquêtes de produits publiées par les magazines informatiques tels que *PC World*. La société informatique calqua donc son cycle de développement de produit sur l'intervalle existant entre les enquêtes, puis s'arrangea pour sortir ses produits juste avant les résultats des enquêtes. Résultat ? Les magazines parlaient des derniers produits les plus enthousiasmants de la société, leur donnant l'avantage sur les produits plus anciens de ses concurrents. La société reprenait ensuite les résultats d'enquêtes favorables des magazines dans ses campagnes de publicité pour renforcer son argumentation.

Les clients peuvent être les premiers à donner son rythme à une entreprise, mais les rythmes externes en provenance des fournisseurs sont eux aussi décisifs. La stratégie de gestion par anticipation d'Intel, après tout, dépend de la capacité de l'entreprise non seulement à tenir son rythme, mais aussi à le synchroniser avec les tiers. Si Intel sort des puces trop rapides pour les produits complémentaires qui les utilisent ou conçoit des puces qui ne peuvent trouver d'applications, elle perd du terrain. Pour rester au diapason, Intel doit donc créer « de nouvelles applications et de nouveaux utilisateurs » – c'est d'ailleurs le slogan de l'entreprise pour que le marché reste synchrone avec son propre rythme. Désormais, les cadres d'Intel s'affichent à Hollywood, concluent des accords avec des fabricants de jeux vidéo et sont présents presque partout où il est question de puissance de traitement.

Intel doit également s'assurer que ses partenaires tels que les fabricants de logiciels et ses gros clients tels que les fabricants de micro-ordinateurs sont en mesure de tenir le rythme. À cet effet, Intel met rapidement ses nouveaux produits à la disposition des concepteurs de ces sociétés. Et lorsque sa technologie est en avance sur le marché et menace le rythme établi, ses ingénieurs s'efforcent de trouver des solutions, comme ce fut le cas lorsque la rapidité des microprocesseurs Intel devançait la technologie d'accès aux données des réseaux. Qui voudrait des puces multimédias rapides d'Intel si les temps de chargement des données d'Internet étaient trop longs ? En 1991, l'entreprise se lança sur le marché de l'interface réseau avec ses cartes d'interface. En améliorant la technologie et le rendement de la production, Intel réussit à perfectionner le produit, à diminuer les prix de 40 % et à créer une demande d'accès rapide et bon marché aux réseaux – et donc de microprocesseurs Intel.

Pour la plupart des entreprises, se mettre au diapason du marché signifie aller plus vite. Parfois, pourtant, trouver le bon rythme signifie ralentir, comme en a fait l'expérience un fabricant de puces que nous appellerons SiliCo. Les performances de certains types de semi-conducteurs dépendent avant tout de coûteux outils de fabrication des puces, surtout lorsque la taille des puces diminue. Les fabricants de ces outils avaient tendance à travailler par cycles de développement de deux ans, soit un cycle deux fois plus long que celui

Pour la plupart des entreprises, se mettre au diapason du marché signifie aller plus vite. Parfois, pourtant, trouver le bon rythme signifie ralentir.

de SiliCo. En ralentissant son rythme de lancements de nouveaux produits afin de le calquer sur celui d'un gros fournisseur d'outils, SiliCo sortit moins de produits, mais chaque nouvelle puce représentait une avancée plus significative, car elle tirait davantage profit du dernier outil de son fournisseur. En ralentissant son rythme, SiliCo réduisit ses coûts de développement et augmenta son chiffre d'affaires moyen par produit.

La gestion a elle aussi ses rythmes. La gestion par anticipation joue un rôle subtil et presque toujours oublié dans la gestion générale de toute organisation. La plupart des chefs d'entreprise travaillent autour du cycle annuel de planification-bilan sans se demander si l'intervalle est pertinent. Les dirigeants d'une grande entreprise diversifiée abandonnèrent ce cycle annuel traditionnel pour un cycle mieux adapté au rythme de changement de chacun de ses marchés. Dans des secteurs tels que les composants électroniques, dans lesquels le délai de développement et les cycles de vie sont brefs, les hauts dirigeants adoptèrent un cycle de six mois. Dans des activités telles que l'électroménager, où les cycles de vie sont de un à trois ans, ils conservèrent un cycle d'un an. Et dans les secteurs où les cycles de vie sont plus longs, tels les équipements industriels lourds, les cycles furent portés à 18 mois. Ces nouvelles périodes étaient plus stratégiques. En outre, l'entreprise mit à profit ces changements pour que des cadres d'autres divisions de la société puissent assister aux bilans et influer sur les stratégies, en particulier au travers d'une collaboration entre les différents services.

Dans les secteurs en mutation rapide des industries de l'informatique et des réseaux, le rythme est défini par des cadres dirigeants qui gèrent leurs entreprises selon des cycles incroyablement courts à partir d'informations en temps réel. Aux débuts de Sun Microsystems, par exemple, les cadres surveillaient quotidiennement les performances de l'entreprise. Chez Cisco Systems, le géant des réseaux aux six milliards de dollars, les cadres suivent les ventes semaine par semaine, rythme que des concurrents tels que Bay Networks ont été incapables de soutenir. Chez Dell Computer, le rythme a été baptisé « Dell-ocité », en clin d'œil facétieux à l'accent mis par la société sur la rapidité et le rythme. Mais le résultat ne fait pas rire les concurrents de Dell. Comme l'explique le PDG Michael Dell, sa société « impose son rythme à tout le secteur ». Les entreprises telles que Dell et Cisco choisissent souvent délibérément un rythme que les concurrents ne peuvent pas soutenir. Un certain nombre d'entreprises de l'informatique et des réseaux cherchent à pénétrer le secteur des télécommunications parce qu'elles pensent que leur rapidité leur donnera un avantage concurrentiel décisif sur les actuels occupants du secteur.

Opter pour un rythme gérable. Les entreprises ne peuvent adopter de rythme plus rapide que celui que leur autorise leurs capacités internes. Après tout, la gestion par anticipation ne revient pas simplement à instaurer un rythme, mais aussi à s'y tenir. Combien de fois un concept prometteur n'a-t-il pas été laminé par un rythme insoutenable – lorsque, par exemple, l'inauguration d'une chaîne de restauration dépasse la capacité de l'entreprise à recruter et à former des responsables ? Les entreprises qui pratiquent une bonne gestion par anticipation veillent à adapter leur rythme aux réalités de leurs capacités internes. Et lorsque ce rythme n'est pas à la hauteur des ambitions de la direction, elles augmentent leurs capacités.

La manière dont une société de cartes de crédit cibla comme clientèle les diplômés de l'enseignement supérieur offre une illustration assez simple de cette approche. Les responsables de la société comprirent que le meilleur moment pour adresser leur publicité aux étudiants se situait dans le bref délai entre la découverte d'un emploi et la remise des diplômes. Une fois que les étudiants ont une proposition d'embauche en main, leurs perspectives financières peuvent facilement être évaluées. Et jusqu'à la remise des diplômes, ils peuvent facilement être joints à leur adresse sur le campus. La société de cartes de crédit décida donc de lancer sa campagne de publipostage et sa procédure de demande de carte dans le cadre de cet étroit intervalle, ce qui l'obligea toutefois à revoir ses effectifs pour faire face à ce pic annuel d'activité.

Le principe d'adaptation du rythme aux capacités fut également adopté par Emerson Electric, qui affronta toutefois une situation beaucoup plus critique. Pour atteindre leurs objectifs de croissance à long terme du chiffre d'affaires, les cadres fixèrent pour but d'enregistrer 35 % de leurs recettes avec de nouveaux produits – objectif initialement irréalisable parce qu'Emerson ne disposait pas de capacités de développement suffisantes. La société entama donc une démarche sur de multiples fronts pour se conformer au rythme qu'elle s'était fixée. Elle commença par rationaliser le processus de développement de produit, réduisant la durée du cycle de développement d'environ 20 %. Simultanément, elle renforça le personnel du marketing pour améliorer sa connaissance des motivations des clients – Emerson ne pouvait plus se fier aussi massivement à ses atouts techniques. La troisième étape fut de diminuer la taille du portefeuille de développement de produit actif. Les dirigeants estimaient avoir trop de produits en cours de développement ou, comme ils le disaient, « trop de voitures sur l'autoroute » et aucun véritable sens des priorités. Le processus d'amélioration des capacités dura plusieurs années, mais il permit à Emerson d'augmenter le pourcentage de ses ventes de nouveaux produits de 21 % en 1991 à plus de 30 % ces dernières années, et de prolonger sa performance déjà enviable de 40 ans de croissance du bénéfice par action.

Fréquence du changement

La majeure partie de ce que nous venons de dire à propos de la gestion par anticipation provient de l'observation d'entreprises qui la pratiquent – et d'autres qui ne la pratiquent pas. Au cours de notre étude des marchés en rapide mutation, nous remarquons souvent que la gestion par anticipation aide les chefs d'entreprises à prévenir le danger qu'il y a à changer trop rarement. En instaurant un rythme régulier de changement, ils évitent de s'enfermer dans des schémas anciens et des habitudes dépassées.

Il existe également d'intéressants travaux universitaires qui mettent en évidence un autre syndrome commun que nous avons observé – celui des changements trop fréquents. Les simulations informatiques réalisées par Anjali Sastry, de l'université du Michigan, par exemple, montrent que cela arrive à des acteurs guidés par les événements lorsque leur environnement commence à prendre de la vitesse. Les simulations de Sastry sont programmées en boucles avec des délais de feedback :

un événement se déroule, l'organisation réagit, puis elle obtient un feedback du marché, auquel elle peut réagir, et ainsi de suite. Lorsque la simulation porte sur un marché relativement lent, la gestion événementielle fonctionne bien, car il laisse aux dirigeants le temps de se doter des compétences nécessaires à l'environnement. Mais si le rythme du changement s'accélère, la gestion événementielle n'est plus viable. La simulation montre que l'organisation se met à changer sans cesse. Elle réagit trop vite et ne prend pas le temps d'apprendre à bien faire.

Cette étude et nos propres observations sur le terrain suggèrent que la gestion par anticipation peut aider les organisations à ne pas tomber dans l'excès des changements trop fréquents. Dans les secteurs en rapide mutation où la concurrence est intense, la question de la fréquence du changement est cruciale, car les signaux déclencheurs de changement ne sont pas évidents à capter. Un mauvais mois de vente signifie-t-il que l'intérêt se relâche ou est-ce juste une accalmie passagère ? L'échec d'une percée initiale sur un marché veut-il dire qu'une autre tentative serait, elle aussi, infructueuse ? Si les chefs d'entreprise changent à chaque signal, ils ne remplissent pas leur mission. Ils envoient des messages confus à leurs clients et à leurs employés. Mais s'ils ne changent pas, ils prennent le risque d'attendre trop longtemps et d'accumuler un retard difficile à rattraper. Une bonne gestion par anticipation contribue à résoudre ce dilemme.

Souvenez-vous d'Andromeda, l'entreprise mondiale d'informatique dotée d'un processus rationalisé lui permettant de saisir les nouvelles opportunités. Lorsqu'Andromeda finance un nouveau projet, elle exige que ses responsables s'y tiennent pendant deux ans, jusqu'à une première étape d'évaluation. Cette période d'essai ne peut être écourtée. Jack Welch, de General Electric, parle d'une approche interne du changement, qui exigeait de « rester simplement assis – comme des graines de pop-corn dans une poêle chaude », à attendre que « soudain, les choses commencent à bouger ». Grâce à la gestion par anticipation, les dirigeants campent suffisamment longtemps sur leur position pour éviter de réagir avec excès aux « rumeurs » qui accompagnent la plupart des nouveaux projets à risque. Cela compense l'opiniâtreté nécessaire pour surmonter les obstacles nés d'un retournement de situation suite à un échec – un équilibre particulièrement crucial sur les marchés en rapide mutation.

La gestion événementielle aura toujours sa place dans une entreprise qui doit faire face aux inévitables aléas du marché. Et bien que la gestion par anticipation ne soit pas la solution adaptée à toutes les entreprises, la plupart des sociétés – surtout celles qui travaillent sur des marchés en rapide mutation – ne peuvent se permettre de l'ignorer parmi leur arsenal stratégique. Avec la gestion par anticipation, les chefs d'entreprise peuvent éviter de rester à la traîne, gagner du terrain en exploitant les rythmes et les transitions, et même dicter le rythme à la concurrence (cf. « Tenir le rythme, gagner du terrain et dicter la cadence », page 248).

Une solution pour le développement de nouveaux produits

Le développement de nouveaux produits est l'un des processus les plus importants pour faire face à la concurrence sur des marchés nouveaux et instables. Lors de notre étude de l'industrie informatique, nous avons observé que la gestion par anticipation avait un impact direct sur l'opportunité de lancement et le rendement des nouveaux produits. Dans les entreprises qui pratiquent une gestion par anticipation du développement, les transitions entre les projets sont fluides et efficaces, et les produits sortent généralement à la date prévue. En revanche, dans les entreprises qui laissent chaque projet se dérouler selon son propre agenda, le processus de développement est souvent erratique, inefficace et criblé de retards.

Une grande entreprise informatique que nous appellerons ComputeCo a démontré tous les inconvénients d'une gestion sans anticipation du développement de nouveaux produits. Chez ComputeCo, les projets débutaient et s'achevaient à intervalles imprévisibles. Les agendas variaient d'un projet à l'autre et devaient souvent être adaptés lorsque les spécifications étaient modifiées pour intégrer de nouvelles caractéristiques de produit. Résultat, la plupart des projets prenaient du retard, même si certains s'achevaient plus tôt que prévu.

Lorsque les projets arrivaient à leur terme, les concepteurs tentaient de décrocher eux-mêmes de nouveaux projets. Ils comparaient cette transition inefficace entre les projets au fait de « faire ses courses sur un parking ». Comme le disait un concepteur, les transitions étaient des périodes idéales pour « flâner avec quiconque était entre deux projets, pour voir ce qui se passait et pour attendre que quelque chose s'organise ».

Le démarrage de nouveaux projets était aussi aléatoire et imprévisible que l'achèvement des anciens. Lorsque de nouveaux projets démarraient, ils étaient confiés à quiconque se trouvait libre à ce moment-là, peu importe que ces personnes fussent les plus qualifiées ou non pour les mener à bien. Résultat, le savoir-faire était rarement adapté aux besoins techniques d'un projet.

Le début et la fin inattendus des projets provoquaient des retards parce que la société manquait de personnel disponible pour lancer de nouveaux projets. Une responsable se plaignait : « je n'ai absolument aucun moyen de doter ce projet du personnel adéquat. Il faut pourtant bien que j'y arrive ». Coincé entre le marteau et l'enclume, son projet finit par prendre du retard. Chez ComputeCo, nous avons également observé des cas où trop de concepteurs étaient libres, et où des projets étaient créés simplement pour les occuper. Un responsable frustré décrivait ainsi l'un de ces projets : « ce projet n'est pas un projet stratégique. Je préférerais employer nos ressources au développement réel de l'activité ». Comble de l'ironie : lorsque des projets critiques se présentaient sans crier gare, il arrivait que les ressources ne puissent pas être libérées assez vite car elles étaient déjà engagées dans ces soi-disant projets destinés à occuper le personnel.

Les fondements de la gestion par anticipation

Les trois séries de questions suivantes pourront aider les dirigeants à mettre en place les fondements de la gestion par anticipation dans leurs organisations. Les questions s'attachent à développer des critères de performance reposant sur le facteur temps, à identifier les transitions critiques qu'il est nécessaire de mettre en scène, et à trouver des rythmes en externe.

1. **Les critères de performance.** La plupart des entreprises utilisent des critères de performance centrés sur les coûts, les bénéfices et l'innovation. Vos critères de performance actuels incluent-ils aussi des éléments de temps, notamment le temps écoulé, la vitesse et les taux ? Dans le développement de produit, par exemple, tenez compte de critères tels que le nombre de produits lancés trimestriellement, la durée moyenne entre la conceptualisation et le lancement commercial, et le délai moyen entre les projets. Lors de l'intégration des acquisitions, songez à mesurer le délai qui s'écoule entre la date d'acquisition et la finalisation de la nouvelle structure organisationnelle, le temps nécessaire pour que le taux de croissance du chiffre d'affaires devienne positif après l'acquisition, et le nombre d'acquisitions opérées chaque année. Tout processus de transition critique doit être suivi avec au moins quelques critères reposant sur le facteur temps.

2. **Les transitions.** Examinez les transitions cruciales dans votre activité. Les plus importantes sont le passage d'un projet de développement au suivant, l'évolution saisonnière des produits, la pénétration de nouveaux marchés, l'absorption de nouvelles acquisitions, le passage à une production à grande échelle ou le lancement de nouvelles alliances stratégiques. Disposez-vous de procédures formelles pour gérer chaque décision critique ? Pouvez-vous les simplifier ou les écourter ? Pouvez-vous faire plus, lors d'une transition, que de passer simplement de A à B ?

3. **Les rythmes.** Recensez les rythmes propres à votre entreprise et demandez-vous lesquels sont réellement en phase avec votre secteur d'activité

et lesquels découlent de mauvaises habitudes. Y a-t-il des départements importants totalement dépourvus de rythmes ? Pour chacun de vos partenaires clefs – acheteurs, fournisseurs et concurrents –, recensez les grands rythmes qui régissent leur activité. La synchronisation avec l'un ou l'autre de ces rythmes vous ouvrirait-elle de nouvelles opportunités ? Qu'en coûterait-il à votre organisation d'exploiter ces opportunités ?

Du rôle de la modularité pour tenir le rythme

Une fois contraintes de prendre une décision – de choisir, par exemple, entre respecter le plan d'exécution ou répondre aux spécifications d'un produit – les entreprises qui pratiquent la gestion par anticipation choisissent par définition de s'en tenir à leur plan d'exécution. L'outil essentiel, mais souvent oublié, qui le leur permet est la modularité.

Voyons le cas du Walkman de Sony, produit de consommation qui a connu l'un des plus grands succès de tous les temps. La modularité de la conception du Walkman permet à Sony de dicter le rythme dans sa catégorie grâce à un flux régulier de lancements de produits. À partir de l'utilisation que font différents groupes de clientèle, Sony a mis au point six plates-formes de base : lecture, lecture et enregistrement, lecture et tuner, lecture professionnelle, lecture et enregistrement professionnels, et sport. Puis, avec des éléments de conception standards tels que la couleur et le style, et des composants tels que les piles, Sony ajoute avec une relative facilité un assortiment de caractéristiques et d'innovations techniques à ces plates-formes de base.

Ce faisant, Sony a rendu modulaires à la fois la conception du produit et le processus lui-même. Résultat, selon les contraintes de temps créées par la concurrence sur ce segment donné, la société peut choisir entre un remodelage rapide mais partiel et un remodelage plus long mais total.

La modularité est également un point fort du processus de développement de nouveaux produits chez Microsoft. La société est réputée pour les retards de ses systèmes d'exploitation, mais il en va autrement des applications. Les concepteurs conçoivent les caractéristiques de produit comme des modules, puis leur donnent un ordre de priorité. Cette modularité permet à Microsoft de respecter ses échéances pour les produits qui intègrent les caractéristiques les plus prioritaires et prendre plus de temps pour les caractéristiques qui le sont moins.

La modularité n'est toutefois pas l'apanage des entreprises technologiques. Songez à Shiseido, l'entreprise japonaise centenaire qui est aujourd'hui le quatrième fabricant mondial de cosmétiques. Les consommatrices japonaises sont particulièrement friandes de produits nouveaux, attendant parfois des nouveautés mensuelles. Comme l'explique le président Akira Gemma : « nos clientes sont un peu nos concurrentes. Nous devons aller de l'avant non pas parce d'autres marques le font, mais parce que les besoins de notre clientèle changent ». Les responsables de Shiseido modulent leurs produits en distinguant le développement des produits – shampooings, après-shampooings et parfums – et leur conditionnement, ce qui leur permet de satisfaire les exigences de changement de leur clientèle en renouvelant uniquement l'emballage – en modifiant la forme, la taille et la couleur des flacons. Ils modifient plus souvent les emballages que les produits à proprement parler.

Tenir le rythme, gagner du terrain et dicter la cadence

La gestion par anticipation ouvre des possibilités stratégiques aux entreprises qui la pratiquent. Elles peuvent l'exploiter pour gagner du terrain face à la concurrence ou même pour dicter la cadence à la concurrence dans un secteur.

Tenir le rythme

Au milieu des années 90, le géant de l'informatique Compaq ne parvenait pas à tenir le rythme de changement sur plusieurs de ses marchés clefs. Sur celui des ordinateurs portables, par exemple, la société ne parvenait plus à conserver son rythme de lancement de nouveaux produits après avoir subi des retards provenant de ses fournisseurs externes. Son concurrent Toshiba s'empressa alors de s'emparer de la première place sur le marché mondial. Pire encore, Compaq ne parvint pas à suivre lorsqu'Intel remplaça son microprocesseur 486 par son processeur Pentium dans ses ordinateurs professionnels et domestiques. Compaq perdit à nouveau du terrain face à ses concurrents Dell et Gateway.

Depuis, Compaq s'est remise en selle. L'entreprise a synchronisé son rythme avec celui du développement de la technologie des microprocesseurs d'Intel. Et pour minimiser le risque de ne plus tenir le rythme, elle s'est débarrassée des composants peu courants soumis à un approvisionnement erratique.

Gagner du terrain

Loin de se contenter de tenir le rythme, les entreprises peuvent utiliser la gestion par anticipation pour gagner du terrain face à la concurrence en exploitant pleinement les rythmes et les transitions. Dans le domaine de la défense, songez à TRW. Au début des années 90, pour ses activités espace et défense, TRW utilisait un cycle de planification budgétaire annuel de janvier à janvier. Mais comme son plus gros client, le gouvernement américain, fonctionnait sur une année budgétaire d'octobre à octobre, il lui fallait attendre l'automne pour avoir une idée précise de tous les contrats pour lesquels le gouvernement lançait un appel d'offres. TRW faisait face à cette incertitude en mettant de côté, dès janvier, un budget de « réserve » qu'elle utilisait en octobre pour soumissionner les contrats qu'elle n'avait pas prévus en janvier.

En adaptant simplement son calendrier à celui du gouvernement, TRW réussit à soumissionner et à remporter plus de contrats. Au lieu de garder de l'argent en réserve pour des opportunités susceptibles ou non de se présenter, elle pouvait désormais répartir tout son budget de manière plus stratégique, en misant là où elle avait le plus de chances de gagner. La gestion par anticipation permit ainsi à TRW de gagner du terrain.

Dicter la cadence

Depuis l'apparition du Walkman en 1979, Sony utilise la gestion par anticipation pour dicter le rythme à la fois de l'innovation et de la segmentation du marché. La plupart des innovations techniques clefs de cette catégorie de produits – mécanismes de lecture des cassettes, piles et écouteurs – sont lancées par Sony au rythme de une par an. Dans le même temps, par un dévouement quasi-religieux à l'égard de ses dates de lancement, Sony mène le marché au rythme de 20 nouveaux modèles par an. (Pour en savoir plus sur les moyens dont disposent les entreprises pour assurer ce rythme, reportez-vous à « Du rôle de la modularité pour tenir le rythme ».)

Le géant de l'électronique grand public adapte également sa gestion par anticipation aux différents marchés. Au Japon, où Sony est la plus concurrencée, elle maintient un rythme rapide de lancement de nouveaux produits. Là où elle domine une catégorie de produits donnée, notamment les modèles des gammes enfant et sport, elle opte pour un rythme de changement plus lent. En adaptant son rythme à la compétitivité de ses concurrents, Sony domine le marché grâce à la diversité de ses modèles, même lorsque son rythme moyen de changement est inférieur à celui de la concurrence. Et Sony laisse ses modèles en moyenne plus longtemps sur le marché que ses concurrents.

La capacité de Sony à imposer son rythme à son secteur tient en partie à sa maîtrise des transitions cruciales. Sony est capable, par exemple, de lancer des produits tels que le Walkman 2 simultanément en Europe, au Japon, et aux États-Unis, empêchant ses concurrents de copier le produit sur un marché géographique donné et de devancer Sony sur ce marché avec des imitations.

Première publication en mars – avril 1998
Traduit par Florence Paban pour les Éditions d'Organisation
Réédition 98202

LES AUTEURS

- **Joseph L. Bower** est titulaire de la chaire d'administration des affaires Donald K. David à la Harvard Business School. Il a consacré ses recherches et son enseignement aux problèmes stratégiques, organisationnels et humains que rencontrent les dirigeants d'entreprise dans une économie mondiale en mutation rapide. Il est l'auteur de nombreux ouvrages et articles souvent primés. Il s'intéresse actuellement à la « valeur ajoutée de l'entreprise » – l'étude du rôle du personnel administratif dans la construction de sociétés multiactivités.

- **Adam M. Brandenburger** est professeur associé à la Harvard Business School. Ses recherches portent sur la stratégie et la théorie du jeu. Il est l'auteur et le coauteur de nombreux articles dans ce domaine et a écrit avec Barry J. Nalebuff *La Co-opétition : une révolution dans la manière de jouer la concurrence et la coopération* (Village Mondial, 1996).

- **Shona L. Brown** est consultante chez McKinsey où ses travaux portent sur de multiples industries technologiques et secteurs de consommation. Ses spécialités sont la gestion de l'innovation, la stratégie et le marketing sur des marchés très incertains et en rapide mutation. Le Dr. Brown est l'auteur, avec Kathleen M. Eisenhardt, de *Competing on the Edge : Strategy as Structured Chaos* (HBS Press, 1998).

- **Clayton M. Christensen** est professeur d'administration des affaires à la Harvard Business School, et apporte également sa collaboration aux départements de gestion technologique et opérationnelle et de gestion d'entreprise. Ses recherches et son enseignement portent sur la gestion de l'innovation technologique, le développement des capacités organisationnelles et la découverte de nouveaux marchés pour les nouvelles technologies. Avant d'entrer à la Harvard Busines School, le Dr. Christensen était le PDG de CPS Corporation, dont il fut, en 1984, le cofondateur avec plusieurs professeurs du MIT, et qui est aujourd'hui cotée en Bourse. Ses publications lui ont valu de nombreux prix, notamment le William Abernathy Award 1991 de la Production and Operations Management Society, qui récompense le meilleur article sur la gestion technologique ; le prix de la Newcomen Society pour le meilleur article sur l'histoire des entreprises en 1993 ; le McKinsey Award du meilleur article paru dans la *Harvard Business Review* en 1995 ; ainsi que le Global Business Book Award du meilleur ouvrage en 1997 et le Financial Times/ Booz – Allen and Hamilton Award du meilleur ouvrage économique en 1997, tous deux pour *The Innovator's Dilemma* (HBS Press, 1997).

- **Hugh Courtney**, économiste de formation, est consultant chez McKinsey, au bureau de Washington DC. Spécialiste en stratégie, il est intervenu dans des domaines divers, des produits chimiques à l'énergie en passant par la santé ou les télécommunications. Ses services s'orientent aujourd'hui vers le développement de stratégies en environnement incertain et l'application de la théorie du jeu.

- **Hillel J. Einhorn** était titulaire de la chaire Wallace W. Booth de science du comportement de la Graduate School of Business de l'université de Chicago. Il fut également le fondateur et le directeur de son Centre de recherche sur la décision.

- **Kathleen M. Eisenhardt** est professeur de stratégie et d'organisation à la School of Engineering de l'université de Stanford et codirecteur du Stanford Computer Industry Project. Ses recherches et son enseignement portent sur la gestion sur des marchés très concurrentiels en mutation très rapide. Elle a obtenu notamment le prix de la Pacific Telesis Foundation pour ses idées sur la prise de décision stratégique rapide, et le Whittemore Prize pour ses écrits sur l'organisation des sociétés internationales sur les marchés en rapide mutation. Le professeur Eisenhardt est l'auteur de nombreux articles et le coauteur, avec Shona L. Brown, de *Competing on the Edge : Strategy as Structured Chaos* (HBS Press, 1998).

- **Arie P. De Geus** a travaillé 38 ans pour le Royal Dutch/Shell Group. Depuis son départ à la retraite, il conseille de nombreuses institutions gouvernementales et privées et donne des conférences dans le monde entier. Il est professeur associé à la London Business School et membre du conseil de l'Organizational Learning Center du MIT et du Nijenrode

Learning Center aux Pays-Bas. Il est l'auteur d'un important article intitulé « Planifier c'est apprendre » paru dans la *Harvard Business Review* et publié ici-même, d'une communication intitulée « Companies, What Are They ? », publiée par la Royal Society of Arts, Londres (1995), et du best-seller *The Living Company* (HBS Press, 1997), qui a reçu l'Edwin G. Booz Prize de l'ouvrage de management le plus novateur (*La pérennité des entreprises*, Maxima, 1997).

- **Gary Hamel** a fondé et dirige Strategos, cabinet de conseil en stratégie. Il est professeur de management stratégique et international à la London Business School. Qualifié de « gourou mondial de la stratégie » par *The Economist*, il a développé des concepts originaux comme le dessein stratégique, les compétences fondamentales (ou cœur de compétence), l'architecture stratégique...Il est l'auteur avec C.K. Prahalad de *La conquête du futur* (Dunod, 1999).

- **Robin M. Hogarth** est titulaire de la chaire Wallace W. Booth de science du comportement de la Graduate School of Business de l'université de Chicago. Membre de la faculté de Chicago depuis 1979, il a également travaillé pour l'INSEAD et la London Business School. A Chicago, le professeur Hogarth a dirigé le Centre de recherche sur la décision de 1983 à 1993 avant d'être doyen adjoint de 1993 à 1998. Il est l'auteur de nombreux ouvrages et articles sur des sujets liés à la prise de décision, et il a été le consultant de grandes sociétés internationales.

- **Jane Kirkland** est directeur du management des connaissances chez McKinsey où elle développe des recherches et des outils pour l'organisation et les technologies de l'information. Elle intervenait auparavant sur des problèmes stratégiques auprès des services financiers et des industries électroniques.

- **Ian C. MacMillan** est le directeur général des Wharton Entrepreneurial Programs, composés du Snider Entrepreneurial Research Center et des Goergen Entrepreneurial Management Programs. Il est également titulaire de la chaire George W. Taylor des Entrepreneurial Studies. Le Dr. MacMillan a publié notamment dans la *Harvard Business Review*, la *Sloan Management Review* et le *Journal of Business Venturing*.

- **Rita Gunther McGrath** est professeur assistant au département de gestion des organisations de la Columbia Business School. Ses recherches portent sur les nouvelles entreprises à risque, l'esprit d'entreprise et l'innovation technologique. Elles ont souvent fait l'objet de publications dans de grands journaux universitaires et de grandes revues professionnelles telles que la *Harvard Business Review*. Avant de rejoindre le monde universitaire, elle fut directrice et consultante en technologies de l'information. Le Dr. McGrath enseigne actuellement dans les programmes pour MBA et pour cadres à Columbia et travaille comme consultante auprès d'un grand nombre d'entreprises mondiales confrontées à des enjeux stratégiques majeurs.

- **Barry J. Nalebuff** est professeur à la Yale School of Management de New Haven (Connecticut). Il est expert en théorie des jeux et a beaucoup écrit sur ses implications en management. Son second livre, *La Co-opétition: une révolution dans la manière de* *jouer la concurrence et la coopération* (Village Mondial,1996), écrit avec Adam Brandenburger reprend les grandes idées qu'il expose dans cet ouvrage.

- **C.K. Prahalad** est professeur de Business Administration à l'Université d'Ann Arbor (Michigan). Ses recherches portent sur le rôle et la valeur ajoutée des équipes dirigeantes dans de grandes multinationales, pour lesquelles il intervient comme consultant. Il est le coauteur du livre *La conquête du futur* (Dunod, 1999).

Index

C

D

H

I

J

K

L

M

N

O

P

Q

R

S

T

U

V

W

X

Y

Z

Composé par Andassa
Achevé d'imprimer : Jouve, Paris

N° d'éditeur : 2259
N° d'imprimeur : 283851B
Dépôt légal : Août 2000
Imprimé en France